AF534079

Grundkurs Tibetisch

བོད་སྐད་

Köttl Miriam

Sprache & Kultur

Miriam Köttl

Grundkurs Tibetisch

Shaker Verlag
Aachen 2013

Bibliografische Information der Deutschen Nationalbibliothek
Die Deutsche Nationalbibliothek verzeichnet diese Publikation in der Deutschen Nationalbibliografie; detaillierte bibliografische Daten sind im Internet über http://dnb.d-nb.de abrufbar.

Printed in Germany.

ISBN 978-3-8440-1780-9
ISSN 1430-7782

Shaker Verlag GmbH • Postfach 101818 • 52018 Aachen
Telefon: 02407 / 95 96 - 0 • Telefax: 02407 / 95 96 - 9
Internet: www.shaker.de • E-Mail: info@shaker.de

Inhaltsverzeichnis

Vorwort

Dieses Lehrmaterial wurde für den Unterricht in Gesprochenem Tibetisch am Internationalen Sprachenzentrum der Universität Innsbruck für Studierende verschiedener Studienfächer ohne Vorkenntnisse in Tibetischer Schrift oder Grammatik zum Sommersemester 2010 erstellt.

Beim Erlernen einfacher alltäglicher Redewendungen können bereits philosophische Konzepte - wie beispielsweise die Bedeutung des Weglassens des handelnden Subjekts - oder ein mithilfe der Konstruktion von abgeschlossenen und intendierten Handlungen impliziter Zeitbegriff erfasst werden. Beim Spracherwerb der gesprochenen tibetischen Sprache kann von Beginn an ein differenzierter Sprachgebrauch mithilfe der Anwendung von subtilen Konnotationen der Teilhabe, der Betonung der Subjektivität oder Objektivität einer Aussage oder auch der komplexen Bildung von Höflichkeitsformen nicht nur im Verb, sondern auch im Subjekt und Objekt, erlernt werden.

Insbesondere bis sich ein Verständnis der einzelnen Wortbedeutungen entwickelt hat, ist bei den Dialogen erfahrungsgemäß die Unterscheidung der einzelnen Phrasen der verschiedenen Sprecher mithilfe von unterschiedlicher Farbgebung erleichternd. Aus didaktischen Gründen wurde im gesamten Text weder auf eine annäherungsweise Niederschrift der Aussprache einzelner Worte noch auf die nötige tibetische Schrift für im Spracherwerb fortgeschrittenere Studierende verzichtet. Aus Gründen der Übersichtlichkeit wurde die Transliteration der benutzten Worte und Phrasen in Wylie Umschrift in den Kapiteln neun und zweiunddreißig gesondert angeführt.

Die Fragen der Studierenden im Sprachunterricht an der Universität Innsbruck und der Studienteilnehmerinnen und Studienteilnehmer im Rahmen der Forschung bewirkten die Reflexion sprachlicher Betonungen und Konnotationen. Sie trugen dazu bei diese Einführung weiterzuentwickeln und einige auf linguististischer Ebene sichtbare philosophische, psychologische und medizinische Implikationen darzustellen.

Aus didaktischen Gründen wird weder auf die Besonderheiten in einzelnen Dialekten der tibetischen Sprache noch auf die Regeln der Silbenbildung, die komplexen grammatikalischen Konstruktionen der geschriebenen Sprache oder die gebräuchlichen Abkürzungen bestimmter Nominalkonstruktionen in der Terminologie der Buddhistischen Philosophie, Tibetischen Medizin oder Buddhistischen Kunst eingegangen.

Zum Erlernen der Regeln der Silbenbildung und Grammatik der tibetischen Schriftsprache und zur Vertiefung schriftsprachlicher Besonderheiten in den einzelnen Fachdisziplinen empfehle ich die im Anhang angeführte weiterführende sowie auch originalsprachliche Literatur. Für ein Verständnis der philosophischen, psychologischen oder medizinischen Fachterminologie erachte ich ein Studium in der entsprechenden Fachsprache selbst für sinnvoll.

1. Einfache gesprochene Begrüßungsphrasen

1.1 Erster Dialog: tashi delek བཀྲ་ཤིས་བདེ་ལེགས།

tashi delek	tashi delek
བཀྲ་ཤིས་བདེ་ལེགས།	བཀྲ་ཤིས་བདེ་ལེགས།
tashi delek tenzin la	tashi delek sonam la
khyerang gapar dro gi yin	(nga) nang la dro gi yin
kusug debo yinpä	la yin (nga) debo yin

1.2 Erklärung zum Dialog

1. **tashi delek - tashi delek** hallo

Begrüßungsformel: tashi delek (in Wylie-Umschrift: *bkra shis bde legs*)
Diese Formel wird von Tibeter/inne/n als allgemeine Begrüßung benutzt. Ihre wörtliche Übersetzung bedeutet: alles Gute.

2. **tashi delek tenzin la - tashi delek sonam la** hallo Tenzin - hallo Sonam (höfl.)

Wird jemand mit seinem/ihrem Namen angesprochen (außer Kinder), dann wird nach dem Namen als ein Ausdruck des Respekts üblicherweise das Wort la (*lags*) gesagt.

3. **(khyerang) gapar dro gi yin** Wohin gehst du/Wohin gehen Sie? (höfl.)

Diese Frage wird mit dem Fragewort gapar (wohin) am Satzanfang und der Hilfsverkonstruktion gi yin am Satzende gebildet. Fragen ohne Fragewort haben den Partikel pä oder rhetorische Fragen, die Zustimmung verlangen, den Partikel pa am Satzende. Die Hilfsverbkonstruktion gi yin am Satzende hat intentionale Konnotation, kann jedoch auch im Sinne von Zukunftsbedeutung benutzt werden. Trifft man jemanden am Weg, ist die übliche erste Frage nicht "wie geht es dir" sondern "wohin gehst du" und verlangt eine ebenso der Beziehung angemessene Antwort.

(nga) nang la dro gi yin Ich gehe nach Hause.

nga - ich Das Subjekt ist im Verb oder der Hilfsverbkonstuktion implizit und wird weggelassen, weil es aus dem Kontext erschlossen werden kann.

nang la - nach Hause Die wörtliche Bedeutung der Silbe nang ist innen.

la - ist hier ein richtungsweisendes Wort und bedeutet: nach

dro gi yin - ich werde gehen

4. **kusug debo yinpä** Wie geht es dir/Ihnen? (höflich)

kusug - ku ist das höfliche Wort für sug po Körper. Der höfliche Begriff kusug wird hier gebildet indem ein höfliches Wort ku dem Wort sugpo vorgestellt wird. Häufig wird hierbei dann einfach die erste Silbe sug des Substantivs sugpo benutzt.

Männliche Substantive werden mit der Silbe pa oder po, weibliche mit ma oder mo gebildet.

Beispiele:

khang pa - das Haus

zug po - der Körper

a ma - die Mutter

bu mo - das Mädchen

debo - gut

yinpä yin - sein gemeinsam mit debo - gut bedeutet wörtlich: es ist gut

pä ist ein Fragepartikel, der am Ende des Satzes für eine offene Frage benutzt wird

la yin (nga) debo yin Ja, mir geht es gut.

la (*lags*) ist eine Silbe, die Respekt ausdrückt

la yin - ist eine sehr häufig benutzte höfliche Einstiegsformel, die Zustimmung anzeigt. Ohne weitere Information kann die Phrase la yin mit "ja" übersetzt werden. Mit weiterer Information wie hier debo yin, wird das "ja" in der Übersetzung häufig weggelassen und einzig die Information ohne die Höflichkeitsbekundung ausgedrückt.

Wird Ablehnung angezeigt, kann die Phrase la min auf dieselbe höfliche Weise benutzt werden.

Beispiele:

la min debo min - mir geht es nicht gut

la min khangpa min - nein, das ist nicht das Haus (das ich suche); nein, das ist kein Haus

la min ama min - nein, sie ist nicht die Mutter

Dieselbe Phrase (la yin) wird manchmal auch einfach nur im Sinne von "ich höre zu" benutzt.

debo yin - mir geht es gut; wörtlich: gut ich bin

1.3 Satzkonstruktion aus Subjekt, Objekt und Verb mit Hilfsverb

Die Konstruktion eines einfachen Satzes hat die Reihenfolge: Subjekt, Objekt und Verb mit Hilfsverbkonstruktion. Da die Zeiten in der Hilfsverbkonstruktion am Ende des Satzes im Sinne von intendierten, gegenwärtig durchgeführten oder abgeschlossenen Handlungen angedeutet werden, sind die zeitlichen Partikel der Hilfsverbkonstruktion am Satzende ebenso wichtig wie diejenigen Begriffe, welche zeitliche Aspekte aufzeigen und überall im Satz außer am Satzende stehen können. Ein Beispiel für einen solchen Partikel im Satz ist ne - nachdem, als, weil.

Örtliche oder zeitliche Betonungen werden an den Anfang des Satzes gesetzt. Ohne Betonung stehen zeitliche und örtliche Phrasen auch an anderen Stellen, jedoch nie am Satzende.

In der gesprochenen Sprache gibt es zahlreiche Höflichkeitsformen für Verben und für Substantive und auch vom Sprecher benutzte Formen, die Unterordnung andeuten. Es gibt es einige Höflichkeitspartikel, die geeignet sind Respekt auszudrücken wenn sie neben Substantive gestellt werden. Sie bewirken, dass das entsprechende Substantiv seine höfliche Form annimmt. Viele Verben oder Substantive haben jedoch eigenständige Formen für eine höfliche oder unhöfliche Ausdrucksweise. Grundsätzlich kann entweder nur eine einzige Form im Satz höflich gestaltet werden oder sich sowohl das Subjekt, das Objekt wie auch das Verb dieser Transformation unterziehen. Ein Verständnis der Anwendung von Höflichkeitsformen bewirkt im Rahmen mündlicher Kommunikation den entscheidenden Vorteil, nicht nur Rollenverteilungen in der Gruppe sondern auch subtile Konnotation erfassen sowie auch selbst benutzen zu können.

Komplexe Sätze in philosophischen oder medizinischen Texten, insbesondere diejenigen, die aus dem Sanskrit ins Tibetischer übertragen wurden, beinhalten häufig Nominalkonstruktionen als Attribute zum Subjekt oder zum Objekt, welche in der Übersetzung als Nebensätze oder als gesonderte Sätze aufgelöst werden können.

Da die tibetische Sprache aus aneinandergereihten Silben besteht, werden manche dieser Nominalkonstruktionen der Einfachheit halber abgegekürzt, sodass die gesamte Konstruktion sich dann lediglich noch auf die Anfangs- und Endsilbe beschränkt. Solche Abkürzungen stellen beim Übersetzen von Fachtexten, insbesondere von buddhistischer Philosophie, eine besondere Herausforderung dar. Nicht nur bedürfen sie der Interpretation, um überhaupt ein Verständnis zu ermöglichen, sondern häufig finden sich genau die wesentlichen Konnotationen, wie beispielsweise die Meinung des Autors zum Gesagten, in einer einzigen Silbe oder Phrase.

2. Personalpronomen

singular			
1.	ང་	nga	ich
2.	ཁྱེད་ ཁྱེད་རང་	khö (unhöfl.) //khyerang (höfl.)	du
3.	ཁོ་ མོ་ ཁོང་	kho/ mo (unhöfl.) // khong (höfl.)	er/sie
plural			
1.	ང་ཚོ་	ngatsho	wir
2.	ཁྱེད་རང་ཚོ་	khyerangtsho (höfl.)	ihr
3.	ཁོང་ཚོ་	khongtsho (höfl.)	sie

2.1 Anwendung der Personalpronomen mit einem Verb - Übungen von Deutsch ins Tibetische übersetzen: wie heißt

Ich heiße ...	nga ... yin	
Wie heißt du?	khye su yin	
Wie heißen Sie?	khyerang gi tshen gare re (höfl.)	khyerang gi ming ga re re
		khyerang (höfl.), ming (unhöfl.)
Wie heißt er?	khong gi tshen gare re (höfl.)	khö ming ga re re (unhöfl.)
Er heißt ...	khong ... la re	
Wie heißt sie?	khong gi tshen gare re (höfl.)	khö ming ga re re (unhöfl.)
Sie heißt ...	khong ... la re	
Und wie heißt sie noch?	a ni	

2.2 Anwendung der Personalpronomen mit einem Verb - Übungen von Tibetisch ins Deutsche übersetzen: wie heißt

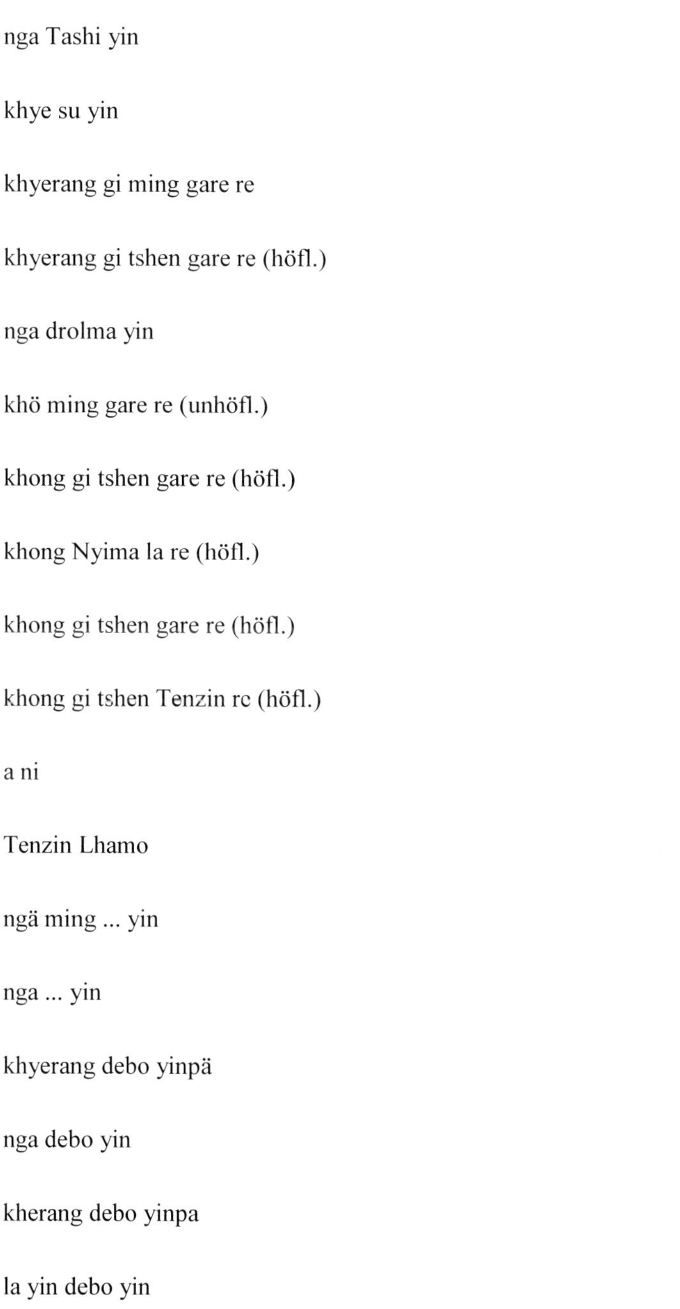

nga Tashi yin

khye su yin

khyerang gi ming gare re

khyerang gi tshen gare re (höfl.)

nga drolma yin

khö ming gare re (unhöfl.)

khong gi tshen gare re (höfl.)

khong Nyima la re (höfl.)

khong gi tshen gare re (höfl.)

khong gi tshen Tenzin re (höfl.)

a ni

Tenzin Lhamo

ngä ming ... yin

nga ... yin

khyerang debo yinpä

nga debo yin

kherang debo yinpa

la yin debo yin

3. Possessivpronomen

singular			
1.	ངའི་	ngä	mein
2.	ཁྱེད་རང་གི་	khyerang gi (höfl.)	dein
3.	ཁོང་གི་	khong gi (höfl.)	sein/ihr
plural			
1.	ང་ཚོའི་	ngatshö	unser
2.	ཁྱེད་རང་ཚོའི་	khyerangtshö (höfl.)	euer
3.	ཁོང་ཚོའི་	khongtshö (höfl.)	ihr

3.1 Anwendung des Possessivpronomens anhand der Frage nach dem Namen

ཁྱེད་རང་གི་མཚན་ག་རེ་རེད།

མིང་	ming	Name (unhöflich)
མཚན་	tshen	Name (höflich)
ངའི་མིང་	ngä ming	mein Name
ཁྱེད་མིང་	khye ming	dein Name (unhöflich)
ཁྱེད་རང་གི་མཚན་	khyerang gi tshen	dein Name (beide Worte höflich)
ཁོའི་མིང་	khö ming	sein Name/ihr Name (unhöflich)
མོའི་མིང་	mö ming	ihr Name (unhöflich)
ཁོང་གི་མཚན་	khong gi tshen	sein/ ihr Name (beide Worte höflich)

3.2 Anwendung des Possessivpronomens - Dialog: Frage nach dem Namen

Wie heißen Sie? (wörtl.: was ist Ihr Name)	khyerang gi tshen gare yin	ཁྱེད་རང་གི་མཚན་ག་རེ་ཡིན།
Mein Name ist Tenzin.	ngä ming tenzin yin	ངའི་མིང་བསྟན་འཛིན་ཡིན།
Mein Name ist Pema.	ngä ming pema yin	ངའི་མིང་པད་མ་ཡིན།
Mein Name ist Anna.	ngä ming anna yin	ངའི་མིང་ཨ་ན་ཡིན།
Heißt du Sonam?	khyerang sonam yinpä	ཁྱེད་རང་བསོད་ནམས་ཡིན་པས།
Nein.	la me	ལགས་མིན།
Ich heiße nicht Sonam.	ngä ming sonam me	ངའི་མིང་བསོད་ནམས་མིན།
Ich heiße Nyima.	nyima yin	ཉི་མ་ཡིན།
Wie heißt er? (wörtl.: was ist sein Name)	khong gi tshen gare re	ཁོང་གི་མཚན་ག་རེ་རེད།
Sein Name ist Tenzin.	khong gi tshen tenzin re	ཁོང་གི་མཚན་བསྟན་འཛིན་རེད།
Sein Name ist Pema.	khong gi tshen pema re	ཁོང་གི་མཚན་པད་མ་རེད།
Ihr Name ist Anna.	khong gi tshen anna re	ཁོང་གི་མཚན་ཨ་ན་རེད།

Wie heißt deine Mutter?	khyerang gi amala gi tshen gare re ཁྱེད་རང་གི་ཨ་མ་ལགས་ཀྱི་མཚན་ག་རེ་རེད།
Meine Mutter heißt Nyima.	ngä amala gi tshen nyima re ངའི་ཨ་མ་ལགས་ཀྱི་མཚན་ཉི་མ་རེད།
Wie heißt dein Vater?	khyerang gi pala gi tshen gare re ཁྱེད་རང་གི་པ་ལགས་ཀྱི་མཚན་ག་རེ་རེད།

3.3 Anwendung des Possessivpronomens - Übung von Deutsch ins Tibetische übersetzen: Frage nach dem Namen

Name (unhöflich)

Name (höflich)

mein Name

dein Name (unhöflich)

dein Name (beide Worte höflich)

sein Name/ ihr Name (unhöflich)

ihr Name (unhöflich)

sein/ ihr Name (beide Worte höflich)

Wie ist Ihr Name? Wie heißen Sie?

Mein Name ist Tenzin.

Mein Name ist Pema.

Mein Name ist Anna.

Heißt du Sonam?

Ich heiße nicht Sonam.

Ich heiße Nyima.

Wie ist sein Name?

Sein Name ist Tenzin.

Sein Name ist Pema.

Ihr Name ist Anna.

Wie heißt deine Mutter?

Meine Mutter heißt Nyima.

Wie heißt dein Vater?

3.4 Anwendung des Possessivpronomens - Übung von Tibetisch ins Deutsche übersetzen: Frage nach dem Namen

ཁོའི་མིང་	khö ming
ངའི་མིང་བསྟན་འཛིན་ཡིན།	ngä ming tenzin yin
མཚན་	tshen
ཁོང་གི་མཚན་	khong gi tshen
མིང་	ming
ཁོང་གི་མཚན་པད་མ་རེད།	khong gi tshen pema re
ངའི་མིང་	ngä ming
མོའི་མིང་	mö ming
ཁྱེད་རང་གི་མཚན་ག་རེ་ཡིན།	khyerang gi tshen gare yin

ཁྱེད་རང་གི་མཚན་ — khyerang gi tshen

ཁྱེད་རང་བསོད་ནམས་ཡིན་པས། — khyerang sonam yinpä

ཁྱེད་རང་གི་མཚན་ག་རེ་རེད། — khyerang gi tshen gare re

ངའི་མིང་ཨ་ན་ཡིན། — ngä ming anna yin

ངའི་མིང་བསོད་ནམས་མིན། — ngä ming sonam min

ལགས་མིན། — la min

ཁོང་གི་མཚན་བསྟན་འཛིན་རེད། — khong gi tshen tenzin re

ཉི་མ་ཡིན། — nyima yin

ཁྱེད་མིང་ — khye ming

ཁོང་གི་མཚན་ག་རེ་རེད། — khong gi tshen gare re

ངའི་མིང་པད་མ་ཡིན། — ngä ming pema yin

ཁོང་གི་མཚན་ཨ་ན་རེད། — khong gi tshen anna re

ཁྱེད་རང་གི་པཱ་ལགས་ཀྱི་མཚན་ག་རེ་རེད། — khyerang gi pala gi tshen gare re

4. Personalpronomen mit dem Verb gehen in höflicher und unhöfliche Form

4.1 Unhöfliche Form des Verbs gehen འགྲོ་བ་

singular			
1.	ང་འགྲོ་གི་ཡིན།	nga dro gi yin	ich gehe
2.	ཁྱེད་རང་འགྲོ་གི་རེད།	khyerang dro gi re	du gehst (höfl.)
3.	ཁོང་འགྲོ་གི་རེད།	khong dro gi re	er/ sie geht (höfl.)
plural			
1.	ང་ཚོ་འགྲོ་གི་རེད།	ngatsho dro gi re	wir gehen
2.	ཁྱེད་རང་ཚོ་འགྲོ་གི་རེད།	khyerangtsho dro gi re	ihr geht (höfl.)
3.	ཁོང་ཚོ་འགྲོ་གི་རེད།	khongtsho dro gi re	sie gehen (höfl.)

4.2 Höfliche Form des Verbs gehen ཕེབས་པ་

singular			
1.	ང་འགྲོ་གི་ཡིན།	nga dro gi yin	ich gehe
2.	ཁྱེད་རང་ཕེབས་ཀྱི་རེད།	khyerang phe gi re	du gehst
3.	ཁོང་ཕེབས་ཀྱི་རེད།	khong phe gi re	er/ sie geht
plural			
1.	ང་ཚོ་འགྲོ་གི་རེད།	ngatsho dro gi re	wir gehen
2.	ཁྱེད་རང་ཚོ་ཕེབས་ཀྱི་རེད།	khyerangtsho phe gi re	ihr geht
3.	ཁོང་ཚོ་ཕེབས་ཀྱི་རེད།	khongtsho phe gi re	sie gehen

Sätze in der ersten Person singular werden nicht in höfliche Formen gesetzt. Sätze in der ersten Person plural werden nur in denjenigen Ausnahmefällen, in denen man den Respekt gegenüber jemandem in der Gruppe betonen will, in höfliche Formen gesetzt (Beispiel: ngatsho phe gi re).

5. Fragewort wohin - ga par ག་པར་ und Antwort la ལ་ oder tsa la

Frage:

ག་པར	gapar	wohin

Antwort:

a)	ལ་	la	nach (mit einem Objekt)
b)		tsa la	zu (mit einer Person als Objekt)

5.1 Zweiter Dialog: wohin gehst du ག་པར་འགྲོ་གི་ཡིན།

Anwendung der Personalpronomen und des Verbs gehen mit einer Richtungsangabe

Ich gehe nach Hause.	nga nang la dro gi yin
Tenzin, wohin gehst du?	tenzin la khyerang gapar phe gi re
Ich gehe zum Markt.	nga drom la dro gi yin
Wohin geht Drolma?	drolma gapar phe gi re
Drolma geht in die Schule.	drolma lobta la phe gi re
Wohin geht der Vater?	pala gapar phe gi re
Der Vater geht zum Haus.	pala khangpa la phe gi re
Wohin geht die Mutter?	amala gapar phe gi re
Die Mutter geht zum Geschäft.	amala tshongkhang la phe gi re
Wohin geht Nyima?	nyima gapar dro gi re
Nyima geht zu Drolma.	nyima drolma tsa la drog gi re

5.2 Vokabel: Essen essen ཞལ་ལག་མཆོད་པ་ und Tee trinken གསོལ་ཇ་མཆོད་པ་

der Name (unhöflich)	ming	མིང་
der Name (höflich)	tshen	མཚན་
gehen	dro wa	འགྲོ་བ་
gehen (höflich)	phe pa	ཕེབས་པ་
Essen (unhöflich)	khala	ཁ་ལག་
das Essen (höflich)	shela	ཞལ་ལག་
essen (unhöflich)	za wa	ཟ་བ་
essen (höflich)	chö pa	མཆོད་པ་
Essen (unhöflich)	khala za wa	ཁ་ལག་ཟ་བ་
Essen (höflich)	shela chö pa	ཞལ་ལག་མཆོད་པ་
trinken (unhöflich)	thung wa	འཐུང་བ་
trinken (höflich)	chö pa	མཆོད་པ་
Tee (unhöflich)	ja	ཇ་
Tee (höflich)	solja	གསོལ་ཇ་
Tee trinken (unhöflich)	ja tung wa	ཇ་འཐུང་བ་
Tee trinken (unhöflich)	solja chö pa	གསོལ་ཇ་མཆོད་པ་

Höflichkeitspartikel:

höflicher Begriff für Hand	chag	ཕྱག་
höflicher Begriff für Gesicht	shel	ཞལ་
ohne Bedeutungszuordnung	sol	གསོལ་

Vokabel:

schlafen	nyel wa	ཉལ་བ་
fragen	dri wa	དྲི་བ་
warten	gug pa	སྒུག་པ་
kaufen	nyo wa	ཉོ་བ་
bezahlen	ngul drö pa	དངུལ་སྤྲོད་པ་
einkaufen gehen	nyogar dro wa	ཉོ་གར་འགྲོ་བ་
das Haus	khangpa	ཁང་པ་
nach Hause	nang la	ནང་ལ་
das Frühstück	shog ja	ཞོགས་ཇ་
das Mittagessen	nying gung khala	ཉིན་གུང་ཁ་ལག་
das Abendessen	gong do khala	དགོང་དྲོའི་ཁ་ལག་
das Dorf	drong se	གྲོང་གསེབ་
das Obst	shingto	ཤིང་ཏོག་
das Gesicht (unhöflich)	dong	གདོང་
das Gesicht (höflich)	shel	ཞལ་
die Hand (unhöflich)	lagpa	ལག་པ་
die Hand (höflich)	chag	ཕྱག་

5.3 Anwendung des Personalpronomens anhand der Frage: wohin gehst du

Wohin gehst du?	khyerang gapar dro gi yin (unhöflich) ཁྱེད་རང་ག་པར་འགྲོ་གི་ཡིན།
	khyerang gapar phe gi yin (höflich) ཁྱེད་རང་ག་པར་ཕེབས་ཀྱི་ཡིན།
Ich gehe nach Hause.	(nga) nang la dro gi yin ང་ནང་ལ་འགྲོ་གི་ཡིན།
Ich gehe (Dinge) einkaufen.	(nga) chala nyogar dro gi yin ང་ཅ་ལག་ཉོ་གར་འགྲོ་གི་ཡིན།
Er geht einkaufen.	(kho) chala nyogar dro gi re (unhöflich) ཁོ་ཅ་ལག་ཉོ་གར་འགྲོ་གི་རེད།
	khong chala nyogar dro gi re (höflich) ཁོང་ཅ་ལག་ཉོ་གར་འགྲོ་གི་རེད།
Sie geht einkaufen.	khong chala nyogar dro gi re (höflich) ཁོང་ཅ་ལག་ཉོ་གར་འགྲོ་གི་རེད།
Tenzin geht einkaufen.	tenzin chala nyogar dro gi re བསྟན་འཛིན་ཅ་ལག་ཉོ་གར་འགྲོ་གི་རེད།
Tenzin geht nach Hause.	tenzin nang la dro gi re བསྟན་འཛིན་ནང་ལ་འགྲོ་གི་རེད།
Tenzin geht spazieren.	tenzin chamchamla dro gi re བསྟན་འཛིན་འཆམ་འཆམ་ལ་འགྲོ་གི་རེད།
Wohin gehst du jetzt?	khyerang gapar dro gi re ཁྱེད་རང་ག་པར་འགྲོ་གི་རེད།
Ich gehe zum Essen.	(nga) kala zagar dro gi re ང་ཁ་ལག་ཟ་གར་འགྲོ་གི་རེད།
Wohin geht sie?	khong gapar dro gi re ཁོང་ག་པར་འགྲོ་གི་རེད།
Sie geht zum Essen.	khong khala zagar dro gi re ཁོང་ཁ་ལག་ཟ་གར་འགྲོ་གི་རེད།
Wohin geht er?	khong gapar dro gi re ཁོང་ག་པར་འགྲོ་གི་རེད།
Er geht zum Essen.	khong khala zagar dro gi re ཁོང་ཁ་ལག་ཟ་གར་འགྲོ་གི་རེད།

Ich gehe um etwas zu tun wird mit der Phrase ... gar dro gi ... umschrieben.
Ich gehe um etwas zu kaufen wird als nyo (kaufen) gar dro gi yin übersetzt.
Ich gehe um zu essen wird mit khala za (essen) gar dro gi yin übersetzt.

5.4 Anwendung des Personalpronomens - Übung von Deutsch ins Tibetische übersetzen: wohin gehst du

Der Vater geht zum Haus.

Essen

Wohin geht Nyima?

Drolma geht in die Schule.

Die Mutter geht zum Geschäft.

er/sie geht (höfl.)

essen

Essen

Tee

Wohin geht Drolma?

Ich gehe nach Hause.

Wohin geht die Mutter?

du gehst (höfl.)

Wohin geht der Vater?

du gehst (höfl.)

trinken

Tee trinken

Er geht einkaufen.

Wohin gehst du?

Nyima geht zu Drolma.

ihr geht

Ich gehe zum Markt.

Ich gehe zum Essen.

Wohin geht sie?

Sie geht zum Essen.

ich gehe

sie gehen (höfl.)

Sie geht einkaufen.

wohin

Tenzin, wohin gehst du?

Ich gehe nach Hause.

Ich gehe (Dinge) einkaufen.

Tenzin geht einkaufen.

Tenzin geht nach Hause.

Tenzin geht spazieren.

Die Mutter geht nach Hause.

Das Mädchen geht zur Mutter.

Wohin gehst du jetzt?

Ich gehe schlafen.

5.5 Anwendung des Personalpronomens - Übung von Tibetisch ins Deutsche übersetzen: wohin gehst du

tenzin chamchamla dro gi re — བསྟན་འཛིན་འཆམ་འཆམ་ལ་འགྲོ་གི་རེད།

tenzin nang la dro gi re — བསྟན་འཛིན་ནང་ལ་འགྲོ་གི་རེད།

(nga) chala nyogar dro gi yin — ང་ཅ་ལག་ཉོ་གར་འགྲོ་གི་ཡིན།

khong khala zagar dro gi re — ཁོང་ཁ་ལ་ཟ་གར་འགྲོ་གི་རེད།

(nga) kala zagar dro gi re — ང་ཁ་ལག་ཟ་གར་འགྲོ་གི་རེད།

khong gapar dro gi re — ཁོང་ག་པར་འགྲོ་གི་རེད།

khyerang gapar dro gi re — ཁྱེད་རང་ག་པར་འགྲོ་གི་རེད།

tenzin chala nyogar dro gi re — བསྟན་འཛིན་ཅ་ལག་ཉོ་གར་འགྲོ་གི་རེད།

(khong) chala nyogar dro gi re (höfl.) — ཁོང་ཅ་ལག་ཉོ་གར་འགྲོ་གི་རེད།

khyerang gapar dro gi yin — ཁྱེད་རང་ག་པར་འགྲོ་གི་ཡིན།

(kho) chala nyogar dro gi re (unhöfl.) — ཁོ་ཅ་ལག་ཉོ་གར་འགྲོ་གི་རེད།

(nga) nang la dro gi yin — ང་ནང་ལ་འགྲོ་གི་ཡིན།

khyerang gapar phe gi yin — ཁྱེད་རང་ག་པར་ཕེབས་ཀྱི་ཡིན།

6. Alphabet ཡི་གེ་

6.1 Gesprochenes Alphabet

6.1.1 Konsonanten

ka	kha	ga	nga
ca	cha	ja	nya
ta	tha	da	na
pa	pha	ba	ma
tsa	tsha	dza	wa
zha	za	a	ya
ra	la	sha	sa
ha	a		

6.1.2 Vokale

a	e	i	o	u

6.2 Alphabet in tibetischer Schrift

6.2.1 Konsonanten in tibetischer Schrift mit annäherungsweiser Aussprache

ཀ་	ཁ་	ག་	ང་	ka	kha	ga	nga
ཅ་	ཆ་	ཇ་	ཉ་	ca	cha	ja	ña
ཏ་	ཐ་	ད་	ན་	ṭa	ṭha	ḍa	ṇa
པ་	ཕ་	བ་	མ་	pa	pha	ba	ma
ཙ་	ཚ་	ཛ་	ཝ་	tsa	tsha	dza	wa
ཞ་	ཟ་	འ་	ཡ་	zha	za	a	ya
ར་	ལ་	ཤ་	ས་	ra	la	śa	sa
ཧ་	ཨ་			ha	ā		

6.2.2 Konsonanten in tibetischer Schrift mit ihrer Wylie-Umschrift

ཀ་ ཁ་ ག་ ང་

ka kha ga nga

ཅ་ ཆ་ ཇ་ ཉ་

ca cha ja nya

ཏ་ ཐ་ ད་ ན་

ta tha da na

པ་ ཕ་ བ་ མ་

pa pha ba ma

ཙ་ ཚ་ ཛ་ ཝ་

tsa tsha dza wa

ཞ་ ཟ་ འ་ ཡ་

zha za ' ya

ར་ ལ་ ཤ་ ས་

ra la sha sa

ཧ་ ཨ་

ha a

6.2.3 Vokale in tibetischer Schrift mit annäherungsweiser Aussprache

ཨ་ ཨེ་ ཨི་ ཨོ་ ཨུ་

a e i o u

6.3 Übung der Konsonanten und Vokale in tibetischer Schrift

ཀ་ ཀེ་ ཀི་ ཀོ་ ཀུ་

ཁ་ ཁེ་ ཁི་ ཁོ་ ཁུ་

ག་ གེ་ གི་ གོ་ གུ་

ང་ ངེ་ ངི་ ངོ་ ངུ་

ཅ་ ཅེ་ ཅི་ ཅོ་ ཅུ་

ཆ་ ཆེ་ ཆི་ ཆོ་ ཆུ་

ཇ་ ཇེ་ ཇི་ ཇོ་ ཇུ་

ཉ་ ཉེ་ ཉི་ ཉོ་ ཉུ་

ཏ་ ཏེ་ ཏི་ ཏོ་ ཏུ་

ཐ་ ཐེ་ ཐི་ ཐོ་ ཐུ་

ད་ དེ་ དི་ དོ་ དུ་

ན་ ནེ་ ནི་ ནོ་ ནུ་

པ་ པེ་ པི་ པོ་ པུ་

ཕ་ ཕེ་ ཕི་ ཕོ་ ཕུ་

བ་	བེ་	བི་	བོ་	བུ་
མ་	མེ་	མི་	མོ་	མུ་
ཙ་	ཙེ་	ཙི་	ཙོ་	ཙུ་
ཚ་	ཚེ་	ཚི་	ཚོ་	ཚུ་
ཛ་	ཛེ་	ཛི་	ཛོ་	ཛུ་
ཝ་	ཝེ་	ཝི་	ཝོ་	ཝུ་
ཞ་	ཞེ་	ཞི་	ཞོ་	ཞུ་
ཟ་	ཟེ་	ཟི་	ཟོ་	ཟུ་
འ་	འེ་	འི་	འོ་	འུ་
ཡ་	ཡེ་	ཡི་	ཡོ་	ཡུ་
ར་	རེ་	རི་	རོ་	རུ་
ལ་	ལེ་	ལི་	ལོ་	ལུ་
ཤ་	ཤེ་	ཤི་	ཤོ་	ཤུ་
ས་	སེ་	སི་	སོ་	སུ་
ཧ་	ཧེ་	ཧི་	ཧོ་	ཧུ་
ཨ་	ཨེ་	ཨི་	ཨོ་	ཨུ་

6.4 Übungsblätter

6.4.1 Übungsblatt Konsonanten

ཀ་ ཁ་ ག་ ང་

ཅ་ ཆ་ ཇ་ ཉ་

ཏ་ ཐ་ ད་ ན་

པ་ ཕ་ བ་ མ་

ཙ་ ཚ་ ཛ་ ཝ་

ཞ་ ཟ་ འ་ ཡ་

ར་ ལ་ ཤ་ ས་

ཧ་ ཨ་

6.4.2 Übungsblatt Vokalbildung

ཨ་ ཨེ་ ཨི་ ཨོ་ ཨུ་

ཀ་ ཀེ་ ཀི་ ཀོ་ ཀུ་

ཁ་ ཁེ་ ཁི་ ཁོ་ ཁུ་

ག་ གེ་ གི་ གོ་ གུ་

ང་ ངེ་ ངི་ ངོ་ ངུ་

6.4.3 Übungsblatt Konsonanten und Vokale

ཀ་ ག་ ཨུ་ ང་ ཅ་ ཆ་ ཉ་ ཕ་ ཨོ་ ཤ་ ཏ་ ཅོ་ ཞ་ ཛ་

བ་ འ་ ན་ ཐ་ ཚ་ ཛ་ ཝ་ ར་ ཨི་ ལ་ ས་ ཧ་ ཨ་ ཐུ་

ཨ་ ཟ་ ཡ་ ད་ མ་ པ་ ཨེ་ དེ་ ཐུ་ ཉེ་ པུ་ ཛི་ ག་ ཁ་

ཀ་ བོ་ ཐུ་ ཀེ་ ཆེ་ ཆི་ ཐི་ ཀུ་ ཁ་ ཁོ་ ཁུ་ གེ་ ཧི་ ཆ

གི་ ཀི་ གུ་ ང་ ཊེ་ ཅ་ པི་ ཡུ་ ཅོ་ ཅུ་ ཆ་ ཐོ་ ཧོ་ ཊི་

ཊོ་ ཏུ་ ཆོ་ ཆུ་ ཇ་ ཕེ་ པེ་ ཛོ་ ཇུ་ ཉ་ ཇེ་ ནེ་ ནོ་ ཇི་

ཉུ་ ཏ་ ཏོ་ ཏུ་ ཐ་ ཐེ་ ཏེ་ ད་ ཉི་ ཤེ་ སེ་ ཉུ་ པོ་ ཕི་

ཊུ་ དོ་ ཏི་ ན་ ཁེ་ ཁི་ པ་ ཕ་ ཅེ་ ཅི་ མ་ ཧུ་ ཤུ་ ཡོ་

ཅེ་ ཉོ་ དི་ ཕོ་ ཀོ་ གོ་ ཕུ་ བ་ ཟི་ བེ་ བི་ སུ་ ཡོ་ མེ་

ནི་ མི་ ཅུ་ ཚ་ ས་ ཨ་ ཟོ་ ཚོ་ ཚུ་ ཛ་ ཛེ་ ཅི་ ཅོ་ ཛོ་

ཛུ་ ཝ་ ཆེ་ ཆི་ ཝེ་ ཝི་ ཝོ་ ཞེ་ འ་ ཤུ་ ཞ་ འེ་ རེ་ ཨེ་

ཟེ་ ཞོ་ སོ་ ཞུ་ རི་ འི་ ཡེ་ ཟ་ ཡི་ སི་ ཨོ་ འུ་ ར་ ཟུ་

ཞི་ ཨི་ རོ་ རུ་ ལ་ ལེ་ ཧེ་ ལི་ ཤ་ མོ་ ལོ་ ལུ་ ཤི་ མུ་

ཅ་ ཤོ་ ཧ་ འོ་ ཡ་ ཚོ་ ཚུ་ ཛ་ ཧེ་ ལི་ ཨུ་ ཁི་ པ་ ཡོ་

རོ་ ཨོ་ ཁེ་ ཁི་ ཉ་ ཕ་ ཊེ་ པི་ ཤ་ རུ་ ལ་ ཅ་ ཐུ་ ཉེ་

7. Einfache Konversation

7.1 Dritter Dialog: wohin gehst du ག་པར་འགྲོ་གི་ཡིན།

tashi delek - tashi delek	hallo- hallo
tashi delek tenzin la - tashi delek sonam la	hallo Tenzin - hallo Sonam
(khyerang) gapar dro gi yin - (nga) drom la dro gi yin	wohin gehst du - ich gehe zum Markt
drom la gare nyo gi yö - barle nyo gi yö	was kaufst du am Markt - ich kaufe Brot
(khyerang) gapar dro gi yin - (nga) lobta la dro gi yin	wohin gehst du - ich gehe zur Schule
lobta la gare che gi yö - lobchong che gi yö	was machst du in der Schule - ich lerne
gale phe - gale shug	auf Wiedersehen - auf Wiedersehen

7.2 Erklärung zum Dialog

1. **tashi delek - tashi delek** **tashi delek tenzin la - tashi delek sonam la**

Da auf den höflichen Sprachgebrauch als Zeichen von Wertschätzung und Respekt teilweise großer Wert gelegt wird und seine Benutzung auch als ein Zeichen von Bildung interpretiert wird, ist es auch für Sprachanfänger sinnvoll grundsätzlich auch höflichen Partikel und Worte zu benutzen. Je nach Herkunftsgebiet und Stellung der Person in der tibetischen Gesellschaft sind diese Höflichkeiten mehr oder weniger wichtig.

2. **(khyerang) gapar dro gi yin - (nga) drom la dro gi yin**

Es ist eine übliche Kombination außerhalb monastischer Hierarchien, im selben Satz das Personalpronomen in seiner höflichen Form, das Verb hingegen in der unhöflichen Form zu benutzen.

drom - Markt

la - zum, am, beim, in

Die unspezifische Richtungsbezeichnung la (drom la - zum Markt), die sich auf den Markt bezieht, wird nachgestellt. Beispiel: lobta la - zur Schule

3. **drom la gare nyo gi yö - barle nyo gi yö**

gare - was

Eine Richtlinie für Anfänger in der tibetischen Sprache könnte es sein, in der Antwort auf an sie gerichtete Fragen einfach dierselbe Hilfsverbkonstruktion wie in der gehörten Frage zu benutzen.

barle - Brot

nyo wa - kaufen

4. **(khyerang) gapar dro gi yin - (nga) lobta la dro gi yin**

wohin gehst du - (ich) gehe zur Schule

lobta - Schule

5. **lobta la gare che gi yö - lobchong che gi yö**

wörtlich: in der Schule was machst du - lernen

lob chong che - lernen, studieren

Lob chong (lernen) wird nur als Phrase gemeinsam mit che benutzt.

che pa - tun, machen (unhöfl.), nang wa - tun, machen (höfl.)

Der Partikel nang dient manchmal als Höflichkeitspartikel.

6. **gale phe - gale shug** Auf Wiedersehen

Derjenige der bleibt sagt: gale phe, derjenige der weggeht sagt: gale shug.

8. Zeiten anhand des Verbs gehen

8.1 Präsens

singular			
1.	ང་འགྲོ་གི་ཡིན།	nga dro gi yin/yö	ich gehe
2.	ཁྱེདརང་འགྲོ་གི་རེད།	khyerang dro gi re	du gehst
3.	ཁོང་འགྲོ་གི་རེད།	khong dro gi re/dug	er/sie geht
plural			
1.	ང་ཚོ་འགྲོ་གི་ཡིན།	ngatsho dro gi yin/yö	wir gehen
2.	ཁྱེད་རང་ཚོ་འགྲོ་གི་རེད།	khyerangtsho dro gi re	ihr geht
3.	ཁོང་ཚོ་འགྲོ་གི་རེད།	khongtsho dro gi re	sie gehen

8.2 Futur

singular			
1.	ང་འགྲོ་གི་ཡིན།	nga dro gi yin	ich werde gehen
2.	ཁྱེད་རང་འགྲོ་གི་རེད།	khyerang dro gi re	du wirst gehen
3.	ཁོང་འགྲོ་གི་རེད།	khong dro gi re	er/sie wird gehen
plural			
1.	ང་ཚོ་འགྲོ་གི་ཡིན།	ngatsho dro gi yin	wir werden gehen
2.	ཁྱེད་རང་ཚོ་འགྲོ་གི་རེད།	khyerangtsho dro gi re	ihr werdet gehen
3.	ཁོང་ཚོ་འགྲོ་གི་རེད།	khongtsho dro gi re	sie werden gehen

8.3 Perfekt

singular			
1.	ང་ཕྱིན་པ་ཡིན།	nga chin pa yin	ich bin gegangen
2.	ཁྱེད་རང་ཕྱིན་པ་རེད།	khyerang chin pa re	du bist gegangen
3.	ཁོང་ཕྱིན་པ་རེད།	khong chin pa re/song	er ist gegangen
plural			
1.	ང་ཚོ་ཕྱིན་པ་ཡིན།	ngatsho chin pa yin	wir sind gegangen
2.	ཁྱེད་རང་ཚོ་ཕྱིན་པ་རེད།	khyerangtsho chin pa re	ihr seid gegangen
3.	ཁོང་ཚོ་ཕྱིན་པ་རེད།	khongtsho chin pa re/song	sie sind gegangen

8.4 Anwendung des Dialogs - Übung von Tibetisch ins Deutsche übersetzen

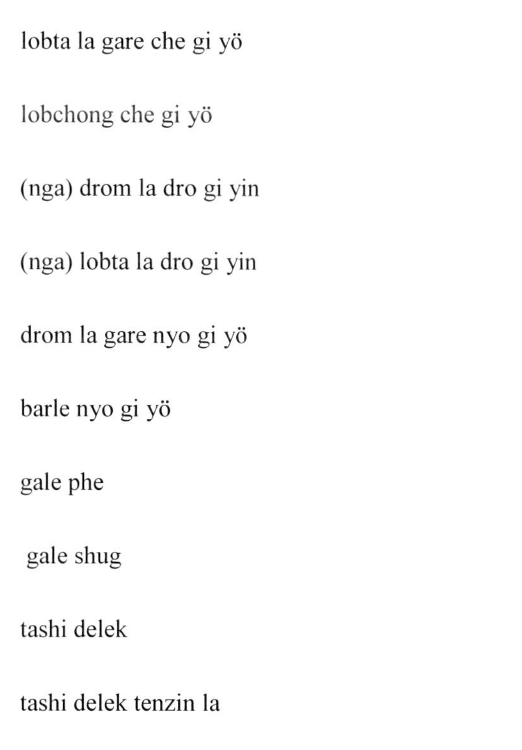

lobta la gare che gi yö

lobchong che gi yö

(nga) drom la dro gi yin

(nga) lobta la dro gi yin

drom la gare nyo gi yö

barle nyo gi yö

gale phe

gale shug

tashi delek

tashi delek tenzin la

khyerang gapar dro gi yin

khong lobchong che gi re

8.5 Anwendung des Dialogs - Übung von Deutsch ins Tibetische übersetzen

hallo

Ich gehe zur Schule.

Was machst du in der Schule?

Hallo Tenzin

Wohin gehst du?

Auf Wiedersehen.

Ich gehe zum Markt.

Ich kaufe Brot.

Was kaufst du am Markt?

Ich lerne.

Er studiert.

Sie geht in die Schule um zu lernen.

Wir gehen zum Studieren.

Die Mutter geht zum Markt.

Sie kauft Obst.

Das Mädchen schläft.

Das Mädchen geht in die Schule.

Sonam geht nach Hause.

Wir gehen nach Hause.

9. Transliteration der Worte und Phrasen aus Kapitel eins bis acht in Wylie Umschrift

བོད་སྐད་	*bod skad*
བཀྲ་ཤིས་བདེ་ལེགས།	*bkra shis bde legs*
ང་	*nga*
ཁྱེད་	*kyed*
ཁྱེད་རང་	*khyed rang*
ཁོ་	*kho*
མོ་	*mo*
ཁོང་	*khong*
ང་ཚོ་	*nga tsho*
ཁྱེད་རང་ཚོ་	*khyed rang tsho*
ཁོང་ཚོ་	*khong tsho*
ངའི་	*nga'i*
ཁྱེད་རང་གི་	*khyed rang gi*
ཁོང་གི་	*khong gi*
ང་ཚོའི་	*nga tsho'i*
ཁྱེད་རང་ཚོའི་	*khyed rang tsho'i*
ཁོང་ཚོའི་	*khong tsho'i*
མིང་	*ming*
མཚན་	*mtshan*
ངའི་མིང་	*nga'i ming*

ཁྱེད་མིང་	*khyed ming*
ཁྱེད་རང་གི་མཚན་	*khyed rang gi mtshan*
ཁོའི་མིང་	*kho'i ming*
མོའི་མིང་	*mo'i ming*
ཁོང་གི་མཚན་	*khong gi mtshan*
ཁྱེད་རང་གི་མཚན་ག་རེ་རེད།	*khyed rang gi mtshan ga re red*
ཁྱེད་རང་གི་མཚན་ག་རེ་ཡིན།	*khyed rang gi mthsan ga re yin*
ངའི་མིང་བསྟན་འཛིན་ཡིན།	*nga'i ming bstan 'dzin yin*
ངའི་མིང་པད་མ་ཡིན།	*nga'i ming pad ma yin*
ངའི་མིང་ཨ་ན་ཡིན།	*nga'i ming a na yin*
ཁྱེད་རང་བསོད་ནམས་ཡིན་པས།	*khyed rang bsod nams yin pas*
ལགས་མིན།	*lags min*
ངའི་མིང་བསོད་ནམས་མིན།	*nga'i ming bsod nams min*
ཉི་མ་ཡིན།	*nyi ma yin*
ཁོང་གི་མཚན་ག་རེ་རེད།	*khong gi mtshan ga re red*
ཁོང་གི་མཚན་བསྟན་འཛིན་རེད།	*khong gi mtshan bstan 'dzin re*
ཁོང་གི་མཚན་པད་མ་རེད།	*khong gi mtshan pad ma red*
ཁོང་གི་མཚན་ཨ་ན་རེད།	*khong gi mtshan a na red*
ཁྱེད་རང་གི་ཨ་མ་ལགས་ཀྱི་མཚན་ག་རེ་རེད།	*khyed rang gi a ma lags kyi mtshan ga re red*
ངའི་ཨ་མ་ལགས་ཀྱི་མཚན་ཉི་མ་རེད།	*nga'i a ma lags kyi mtshan nyi ma red*
ཁྱེད་རང་གི་པཱ་ལགས་ཀྱི་མཚན་ག་རེ་རེད།	*khyed rang gi pā lags kyi mtshan ga re red*

གྲོ་བ་	*gro ba*
ང་འགྲོ་གི་ཡིན།	*nga 'gro gi yin*
ཁྱེད་རང་འགྲོ་གི་རེད།	*khyed rang 'gro gi red*
ཁོང་འགྲོ་གི་རེད།	*khong 'gro gi red*
ང་ཚོ་འགྲོ་གི་རེད།	*nga tsho 'gro gi red*
ཁྱེད་རང་ཚོ་འགྲོ་གི་རེད།	*khyed rang tsho 'gro gi red*
ཁོང་ཚོ་འགྲོ་གི་རེད།	*khong tsho 'gro gi red*
ཕེབས་པ་	*phebs pa*
ཁྱེད་རང་ག་པར་ཕེབས་ཀྱི་ཡིན།	*khyed rang ga par phebs kyi yin*
ཁོང་ཕེབས་ཀྱི་རེད།	*khong phebs kyi red*
ང་ཚོས་འགྲོ་གི་རེད།	*nga tshos 'gro gi red*
ཁྱེད་རང་ཚོས་ཕེབས་ཀྱི་རེད།	*khyed rang tshos phebs kyi red*
ཁོང་ཚོས་ཕེབས་ཀྱི་རེད།	*khong tshos phebs kyi red*
ག་པར་	*ga par*
ལ་	*la*
ཁ་ལག	*kha lag*
ཟ་བ་	*za ba*
ཁ་ལག་ཟ་བ་	*kha lag za ba*
འཐུང་བ་	*'thung ba*
ཇ་	*ja*
ཇ་འཐུང་བ་	*ja 'thung ba*
ཁྱེད་རང་ག་པར་འགྲོ་གི་ཡིན།	*khyed rang ga par 'gro gi yin*
ཁྱེད་རང་ག་པར་ཕེབས་ཀྱི་ཡིན།	*khyed rang ga par phebs kyi yin*

ང་ནང་ལ་འགྲོ་གི་ཡིན། — *nga nang la 'gro gi yin*

ང་ཅ་ལག་ཉོ་གར་འགྲོ་གི་ཡིན། — *nga ca lag nyo gar 'gro gi yin*

ཁོ་ཅ་ལག་ཉོ་གར་འགྲོ་གི་རེད། — *kho ca lag nyo gar 'gro gi red*

ཁོང་ཅ་ལག་ཉོ་གར་འགྲོ་གི་རེད། — *khong ca lag nyo gar 'gro gi red*

བསྟན་འཛིན་ཅ་ལག་ཉོ་གར་འགྲོ་གི་རེད། — *bstan 'dzin ca lag nyo gar 'gro gi red*

བསྟན་འཛིན་ནང་ལ་འགྲོ་གི་རེད། — *bstan 'dzin nang la 'gro gi red*

བསྟན་འཛིན་འཆམ་འཆམ་ལ་འགྲོ་གི་རེད། — *bstan 'dzin 'cham 'cham la 'gro gi red*

ཁྱེད་རང་ག་པར་འགྲོ་གི་རེད། — *khyed rang ga par 'gro gi red*

ང་ཁ་ལག་ཟ་གར་འགྲོ་གི་རེད། — *nga kha lag za gar 'gro gi red*

ཁོང་ག་པར་འགྲོ་གི་རེད། — *khong ga par 'gro gi red*

ཁོང་ཁ་ལག་ཟ་གར་འགྲོ་གི་རེད། — *khong kha lag za gar 'gro gi red*

ཁོང་ག་པར་འགྲོ་གི་རེད། — *khong ga par 'gro gi red*

ཁོང་ཁ་ལག་ཟ་གར་འགྲོ་གི་རེད། — *khong kha lag za gar 'gro gi red*

མིང་ — *ming*

མཚན་ — *mtshan*

འགྲོ་བ་ — *'gro ba*

ཕེབས་པ་ — *phebs pa*

ཁ་ལག — *kha lag*

ཞལ་ལག་ — *zhel lag*

ཟ་བ་ — *za ba*

མཆོད་པ་ — *mchod pa*

ཁ་ལག་ཟ་བ་ — *kha lag za ba*

ཞེལ་ལག་མཆོད་པ་	*zhel lag mchod pa*
འཐུང་བ་	*'thung ba*
མཆོད་པ་	*mchod pa*
ཇ་	*ja*
གསོལ་ཇ་	*gsol ja*
ཇ་འཐུང་བ་	*ja 'tung ba*
གསོལ་ཇ་མཆོད་པ་	*gsol ja mchod pa*
ཉལ་བ་	*nyel ba*
དྲི་བ་	*dri ba*
སྒུག་པ་	*sgug pa*
ཉོ་བ་	*nyo ba*
དངུལ་སྤྲོད་པ་	*dngul sprod pa*
ཉོ་གར་འགྲོ་བ་	*nyo gar 'gro ba*
ཁང་པ་	*khang pa*
ནང་ལ་	*nang la*
ཤོག་ཇ་	*shog ja*
ཉིང་གུང་ཁ་ལག་	*nying gung kha lag*
དགོང་དྲོའི་ཁ་ལག་	*dgong dro'i kha lag*
གྲོང་གསེབ་	*grong gseb*
ཤིང་ཏོག་	*shing tog*
གདོང་	*gdong*
ལག་པ་	*lag pa*

10. Die Hilfsverben sein und haben und ihre Verneinung

10.1 Aktiv: yin ཡིན་ min མིན་

sein - yin

Durch das Benutzen des Hilfsverbs yin wird eine Intention der Handlung im Satz beschrieben. Häufig weist das Benutzen des Hilfsverbs yin auch auf einen Zukunftsaspekt der Handlung hin.

Wird im Satz das Hilfsverb yö benutzt, setzt man eine Betonung auf den Sprecher oder die Gruppe, der sich der Sprecher zugehörig beschreibt. Manchmal betont dieser Satz einfach eher den Gegenwartsaspekt (im Vergleich zu einem mit yin gebildeten Satz)

Die Verneinung von ཡིན་ yin ist མིན་ min.

མིན་ setzt sich zusammen aus der

zur Verneinung benutzten Silbe མ་ ma

und dem Hilfsverb ཡིན་ yin

Beispielsätze:

nga Tashi yin	ich heiße Tashi
nga Tashi min	ich heiße nicht Tashi
nga dro gi yin	ich gehe
nga dro gi min	ich gehe nicht
ngatsho dro gi yin	wir gehen
ngatsho dro gi min	wir gehen nicht
ich kaufe	nga nyo gi yin
ich kaufe nicht	nga nyo gi min
ich schlafe	nga nyel gi yin
ich schlafe nicht	nga nyel gi min
wir trinken Tee	ngatsho ja thung gi yin
wir trinken keinen Tee	ngathso ja thung gi min

10.2 Feststellung: dug འདུག་ mi(n) dug མི་འདུག་

Die Verneinung von འདུག་ dug ist མི་འདུག་ mi(n) dug.

Beim Gebrauch von dug wird die Betonung auf die durch den Sprecher oder die Sprecherin sichtbare, gerade beobachtbare Handlung oder eine Wahrnehmung des Sprechers in der Gegenwart gesetzt.
Während re eher die allgemeine Aussage betont, beschreibt dug eher die subjektive Komponente der Aussage. Solche Betonung kann manchmal übersetzt werden mit "...sieht/beobachtet gerade, dass..."

Beispielsätze:

khala dug	es gibt Essen (ich habe es gerade gesehen)
nyel dug	sie ist eingeschlafen
shingto nyo gi dug	er/ sie kauft Obst
chu khölgi dug	das Wasser kocht
nyikugi dug	er/ sie schläft

10.3 Passiv: re རེད་ mare མ་རེད་

Die Verneinung von རེད་ re ist མ་རེད་ ma re.

Beim Gebrauch von re wird entweder die Betonung auf andere (und deren Handlung oder Intention) oder eine Betonung auf Unbestimmtheit, beispielsweise die Unbestimmtheit des Ausgangs einer Handlung, oder eine Betonung auf den passiven Charakter einer Handlung oder des Erlebens gesetzt.

Beispielsätze:

khong dro gi re	er wird gehen/ verreisen (passive Bedeutung)
nyikugi re	er wird schlafen
charpa phab gi re	es regnet/ wird regnen (passive Bedeutung)
khala za gi re	sie werden essen

10.4 Konditional: yin gi re ཡིན་གི་རེད་ yin gi ma re ཡིན་གི་མ་རེད་

Die Verneinung von ཡིན་གི་རེད་ yin gi re ist ཡིན་གི་མ་རེད་ yin gi ma re

Die Phrase yin gi re wird manchmal als vollständige Antwort benutzt, die einen Zweifel an dem vorher Gehörten oder Gesagten andeutet. Wenn sie alleine steht, kann sie als "... könnte (schon) sein, dass..." übersetzt werden.

Wenn sie in einem Satz am Satzende steht, bedeutet sie "möglicherweise", "vielleicht", "es kann sein, dass...", "es mag zutreffen, dass..."

Sie wird auch gerne als eine höfliche Form der Meinungsbekundung benutzt, bei der der Sprecher seine eigene Meinung als eine andere hervorhebt ohne direkt zu widersprechen. In solchem Kontext wird sie manchmal am besten mit der vorherigen Aussage gemeinsam als "jemand ist der Meinung, dass..." oder "im Gegensatz zu..." übersetzt.
In Texten kann sie die Meinung des Autors zu einem Zitat mitteilen.

Beispielsätze:

khong dro yin gi re	er mag/ dürfte gegangen sein
khong dro yin gi ma re	er mag/ dürfte nicht gegangen sein
mo nyel yin gi re	sie könnte eingeschlafen sein

10.5 Konditional: yö pa re ཡོད་པ་རེད་ yö pa ma re ཡོད་པ་མ་རེད་

Die Verneinung von ཡོད་པ་རེད་ yö pa re ist ཡོད་པ་མ་རེད་ yö pa ma re.

Die Phrase yö pa re kann am besten mit "es mag so gewesen sein, dass...", "es scheint ... vorgefallen zu sein" übersetzt werden, wobei hier jedenfalls der Aspekt der Anwesenheit des Sprechenden oder der Gruppe, der er sich zugehörig fühlt, bei der Handlung betont ist.

Beispielsätze:

shingto yö pa re	wir dürften Obst haben
shingto yö pa ma re	wir dürften kein Obst haben

10.6 Der Gebrauch von yö ཡོད་ als Hauptverb bei der Beschreibung von Besitz

Die Verneinung von ཡོད་ yö ist མེད་ me

Bei der Beschreibung von Besitz wird der Besitzer als Subjekt mit dem Partikel la versehen und am Ende der Aussage das Verb yö (im Sinne eines Hauptverbs mit der Bedeutung "haben") benutzt.

Beispielsätze:

nga la deb yö	Ich habe ein Buch.
nga la deb me	Ich habe kein Buch.
khong la deb yö	Er hat ein Buch.
khong la deb me	Er hat kein Buch.
khong la khangpa yö	Er besitzt ein Haus.
khong la khangpa me	Er besitzt kein Haus.
khong la barle yö	Sie hat Brot.
khong la barle me	Sie hat kein Brot.
nga la barle yö	Ich habe Brot.
nga la barle me	Ich habe kein Brot.
khongtsho la shingto yö	Sie haben Obst.
khongtsho la shngto me	Sie haben kein Obst.

Wenn yö als Hauptverb benutzt wird, bedeutet es "haben". Der Partikel la weist immer auf den Besitzer hin und wird diesem nachgestellt. Weder der Besitzer noch der Partikel können in solchen Sätzen weggelassen werden wie es sonst häufig mit dem Subjekt eines Satzes gemacht wird. Als Hauptverb benutzt hat yö keine andere Funktion als den Besitz anzuzeigen und wird als "haben", "besitzen", "zu eigen sein..." übersetzt. Somit sind mit der Besitzaussage auch keine Konnotationen (wie bei den Hilfsverb-Konstruktionen mithilfe von yö) verbunden.

10.7 Übung eines Dialogs: dem anderen Fragen stellen

khyerang gapar phe gi re

(nga) nang la dro gi yin

khyerang gapar phe gi re

(nga) drom la dro gi yin

gapar phe gi re

lobta la phe gi re

pala gapar phe gi re

pala khangpa la phe gi re

amala gapar phe gi re

amala tshongkhang la phe gi re

tashi delek

khyerang gapar dro gi yin

(nga) drom la dro gi yin

drom la gare nyo gi yö

barle nyo gi yö

ani

ja nyo gi yö

khyerang gapar dro gi yin

(nga) lobta la dro gi yin

lobta la gare che gi yö

lobchong che gi yö

ani

barle za gi yö

gale phe

gale shug

11. Vierter Dialog: Begrüßung eines zu Besuch kommenden Gasts

11.1 Dialog zwischen Nyima, Tashi und Drolma

tashi delek Nyima la - tashi delek Tashi la	hallo Nyima - hallo Tashi
yar phe nang - thugje che	Kommen Sie herein - danke
dir shug rog nang - la thugje che	Bitte, setzen Sie sich hin - ja, danke
(khyerang) solja chö gi yin pä	Trinken Sie Tee?
la yin, ja thung gi yin	Ja, ich trinke Tee.
ani khyerang	Und (trinken) Sie (Tee)?
la me ja thung gi me coffi thung gi yin	Nein ich trinke keinen, ich trinke Kaffee.
(khyerangtsho) shela chö gi yin pä	Möchten Sie etwas essen?
la me (nga) khala za gi me	Nein, danke, ich esse nichts.
kha la gare	Welches Essen?
thugpa dang tsampa	Suppe und Tsampa.
la yin tsampa dets za gi yin	Ja, danke, ich esse ein wenig Tsampa.
shela nyepo chö ro nang	Guten Appetit.
thugje che	Danke.
khala shimpo dugä	Schmeckt (Ihnen) das Essen?
pe shimpo dug	Es schmeckt (mir) sehr gut.
tengsang chagle gare nang gi yö	Welche Arbeit machen Sie derzeit?
(ngatsho) tshong khang la le ka che gi yö	Wir arbeiten im Geschäft.
khyerang gi tshong khang gapar yö	Wo befindet sich Ihr Geschäft?
khang pa di gyab lo la yö	(Es befindet sich) hinter diesem Haus.
gare tshong gi re	Was wird (dort) verkauft?
deb dang peja tshong gi re	Es werden Bücher und Pejas verkauft.
ale	Aha.
ngatsho dro go re	Wir gehen (jetzt).
gapar phe gi re	Wohin gehen Sie?
(nga) tenzin tsa la dro gi yin	Ich gehe zu Tenzin
dang drolma nang la dro gi re	und Drolma geht nach Hause.
nang la gare nang gi re	Was werden Sie zu Hause tun?
nangle che gi re	(Ich werde die) Hausarbeit machen
da jema jeyong	also bis später
laso gale phe	okay, auf Wiedersehen
gale shug	auf Wiedersehen

11.2 Erklärung zum Dialog

1. tashi delek Nyima la - tashi delek Tashi la hallo Nyima - hallo Tashi

Bei der höflichen Begrüßung wird nach den Namen desjenigen, dem Respekt erwiesen wird, die Silbe la (*lags*) angehängt

2. yar phe nang - thugje che Kommen Sie herein - danke

yar - hierher

phe - kommen (höfl.), dro - kommen (unhöfl.)

nang - tun (höfl.), che - tun (unhöfl.)

Pleonasmus: die Höflichkeitsform des Verbs phe (gehen) wird durch das höfliche Wort nang (tun) noch verstärkt.

thugje che - danke

3. dir shug rog nang - la thugje che Bitte, setzen Sie sich hin - ja, danke

dir - hier

shug - wörtlich: sitzen (höfl.), dä - sitzen, verweilen (unhöfl.)

rog nang - bitte (höfl.), kuchi - bitte (unhöfl.)

la - ja (höfl.); dies ist auch ein Partikel, um zu sagen: ich höre zu

thugje che - danke (höfl.)

4. (khyerang) sol ja chö gi yin pä Trinken Sie Tee?

khyerang - du (höfl.), khye - du (unhöfl.)

solja - Tee (höfl.), ja - Tee (unhöfl.); hier wird der Höflichkeitspartikel sol zu ja -Tee dazugehängt, um den Begriff Tee höflich auszudrücken

chö - trinken, essen (höfl.), thung wa - trinken (unhöfl.), za wa - essen (unöfl.)

5. la yin ja thung gi yin Ja, ich trinke Tee.

la yin - ja (höfl.)

ja - Tee

thung gi yin - ich werde trinken, beabsichtige zu trinken

Das Nomen und Verb in der Phrase ja thung gi yin ist deshalb in unhöflicher Form verwendet, weil die Person von sich selbst spricht.

6. ani khyerang Und (trinken) Sie (Tee)?

ani - und, dann

khyerang - du (höfl.)

7. la me ja thung gi me coffi thung gi yin Nein ich trinke keinen, ich trinke Kaffee.

la me - nein (höfl.)

thung gi me - ich trinke nicht

coffi - Kaffee

8. (khyerangtsho) shela chö gi yin pä Möchten Sie etwas essen?

khyerangtsho - ihr

shela - das Essen (höfl.), khala - das Essen (unhöfl.)

chö - essen, trinken (höfl.), za - essen (unhöfl.), thung - trinken (unhöfl.)

chö gi yin pä - werden Sie essen (höfl.), za gi yin pä - wirst du essen (unhöfl.)

pä ist der Indikator für eine offene Frage

pa am Satzende wäre der Indikator für eine rhetorische Frage

9. la me nga khala za gi me Nein, danke, ich esse nichts.

la me - nein (höfl.)

nga - ich

khala - Essen (unhöfl.)

za - essen (unöfl.)

za gi me - (ich) esse nicht

10. khala gare - thugpa dang tsampa Welches Essen? Suppe und Tsampa.

khala - Essen

gare - welches, was

thugpa - Suppe

dang - und

tsampa - Tsampa (geröstetes Gerstenmehl),

Tsampa ist geröstetes Gerstenmehl, das vermengt mit gesalzenem Schwarztee mit Butter, manchmal mit Zucker und Käse, gegessen wird.

11. la yin tsampa dets za gi yin Ja, danke, ich esse ein wenig Tsampa.

la yin - ja, danke

tsampa - Tsampa

dets - ein bißchen, ein wenig, etwas

za gi yin - ich werde essen/ich esse

12. shela nyepo chö ro nang Lassen Sie sich das Essen schmecken.

shela - Essen (höfl.)

nyepo chö ro nang - es sich schmecken lassen (höfl.)

nyepo - schön, glücklich (höfl.), kyipo - glücklich (unhöfl.)

ro nang - bitte (höfl.), kuchi - bitte (unhöfl.)

13. thugje che Danke.

thugje che - danke

14. khala shimpo dugä Schmeckt (Ihnen) das Essen?

khala - Essen (unhöfl.), shela - Essen (höfl.)

shimpo - gut schmecken, schmackhaft sein

shimpo dug - es schmeckt gut (Feststellung mit dug als Beschreibung des Essens)

dugä - offene Frage mit Hilfsverb dug

15. pe shimpo dug Es schmeckt (mir) sehr gut.

pe - sehr

shimpo - gut schmecken, schmackhaft sein

dug - ist (Hilfsverb, das auf eine Feststellung hindeutet)

16. tengsang chakle gare nang gi yö Welche Arbeit machen Sie derzeit?

tengsang - heutzutage, derzeit

chakle - Arbeit (höfl.), leka - Arbeit (unhöfl.)

gare - welche, was

nang - Hilfsverb tun (höfl.), che - tun (unhöfl.)

17. (ngatsho) tshong khang la leka che gi yö Wir arbeiten im Geschäft.

ngatsho - wir

tshong khang - Geschäft, tshong - verkaufen, khang pa - Haus

la - im

leka - Arbeit (unhöfl.), chagle - Arbeit (höfl.)

che - tun (unhöfl.)

che gi yö - arbeiten mit der Betonung auf der Gegenwart (gi yö) und auf der Tätigkeit des Sprechenden (yö)

8. khyerang gi tshong khang gapar yö Wo befindet sich Ihr Geschäft?

khyerang - du

khyerang gi - dein

tshong khang - Geschäft

ga par - wo

yö - Hilfsverb sein, das den Besitz betont

19. khang pa di gyab lo la yö (Es befindet sich) hinter diesem Haus.

khang pa - Haus

di - dieses

Di weist auf ein Haus hin das sich in der Nähe befindet. Ein etwas entfernt gelegenes Haus würde mit khang pa de (jenes Haus) bezeichnet.

gyab lo la - hinter

yö - sein (Hilfsverb)

20. gare tshong gi re Was wird (dort) verkauft?

gare - was, welches

tshong pa - verkaufen

tshong gi re - verkaufen plus Hilfsverbkonstruktion mit re, was die Passivität (etwas wird verkauft) betont

21. deb dang peja tshong gi re Es werden Bücher und Pejas verkauft.

deb - Buch

dang - und

peja - Peja (tibetische Bücher genannt Peja)

tshong gi re - werden verkauft

deb dang peja bezieht sich hier nicht auf ein einziges Buch oder einen einzigen Peja, sondern die Mehrzahl ist implizit ohne dass hier ein Pluralpartikel wie nam nötig wäre.

22. ale Aha.

ale - aha

23. ngatsho dro go re Wir gehen (jetzt).

ngantsho - wir

dro - gehen

go - müssen

re - Hilfsverb re (Betonung auf Passivität)

Die Konstruktion etwas tun müssen wird gebildet indem das Verb vor dem go (müssen) steht und dahinter die Hilfsverbkonstruktion mit re.

24. gapar phe gi re Wohin gehen Sie?

gapar - wohin

phe - gehen, kommen (höfl.), dro - gehen (unhöfl.)

phe gi re - es wird gegangen (betont Passivität)

25. (nga) tenzin tsa la dro gi yin Ich gehe zu Tenzin

nga - ich

tenzin - Tenzin (Name),

Die Bedeutung dieses Namens ist: die Lehren halten. Die Silbe ten (Lehre) und die Silbe zin(pa) (halten) werden verbunden zum Namen.

tsa la - zu einer Person gehen;

Die Phrase zu einer Person hingehen wird mit tsa la nach dem Personennamen gebildet.

dro gi yin - ich werde gehen

26. dang drolma nang la dro gi re und Drolma geht nach Hause.

dang - und

drolma - Drolma, Tārā

nang - innen

la - zu

nang la - nach Hause

dro gi re - geht

27. nang la gare nang gi re Was werden Sie zu Hause tun?

nang la - zu Hause

gare - was

nang - tun (höfl.), che - tun (unhöfl.), an dieser Stelle ist nang das Hauptverb und re das Hilfsverb

nang gi re - tun, machen

28. nangle che gi re (Ich werde die) Hausarbeit machen

nangle - Hausarbeit

Der Begriff besteht aus dem Wort nang (innen) und der ersten Silbe des Wortes leka (Arbeit).

le ist die erste Silbe von leka - Arbeit (unhöfl.), chagle - Arbeit (höfl.)

che - tun (hier als Hauptverb)

che gi re - tut (Betonung auf allerlei verschiedenste Arbeit, nicht intentional)

29. da jema jeyong also bis später

da - nun, also

jema - später

jeyong - wir sehen uns, je(lwa) sehen, treffen (höfl.), yong(wa) - kommen

30. laso gale phe okay, auf Wiedersehen

laso - einverstanden, ist in Ordnung, okay (höfl.)

gale phe - die bleibende Person sagt zur Weggehenden zum Abschied: gale phe

31. gale shug auf Wiedersehen

gale shug - die weggehende Person sagt zur Bleibenden zum Abschied: gale shug

12. Benutzung von Frageworten

12.1 Frageworte

ག་འདྲ་སེ་	gandäs	wie
སུ་	su	wer
ག་པར་	gapar	wohin
ག་པར་	gapar	wo
ག་རེ་	gare	was
ག་དུས་	gadü	wann
ག་རེ་བྱས་ནས་	garechene	warum
ག་གི་	gagi	welches
དུས་སུ་	düsu	während
ག་ནས་	gane	woher
ག་ཚོད་	gatshe	wie viel

12.2 Fünfter Dialog zur Übung der Benutzung von Frageworten: woher kommst du - wohin gehst du

Dialog zwischen Tashi, Phuntsok und Drolma

tashi delek Tashi la - tashi delek Phuntsok la
gapar dro gi yin - choden la dro gi yin
choden la gare che gi yö - chora dro gi yö
di su re - (di) Sonam (re)
Sonam gane re - (Sonam) Tibet ne re
ani khyerang gi ming gare re - nga Drolma yin
drolma khyerang gapar dro gi yin - amchi tsa la dro gi yin
garechene amchi tsa la dro gi yin - ngä go na gi dug
khyerang gane yin - Austria ne yin
Sonam gane re - (Sonam) Tibet ne re
drolma gapar dro gi re - (Drolma) amchi tsa la dro gi re
garechene Drolma amchi tsa la dro gi re - Drolma na gi dug
amchi gare che gi re - (amchi) men der gi re
ale gale phe - gale shug
jema jeyong

12.3 Übersetzung zum Dialog

tashi delek Tashi la	Hallo Tashi
tashi delek Phuntsok la	hallo Phuntsok.
gapar dro gi yin	Wohin gehst du/wohin gehen Sie?
choden la dro gi yin	Ich gehe zum Stupa.
choden la gare che gi yö	Was machen Sie am Stupa?
chora dro gi yö	Ich mache Zirkambulationen (Chora) um den Stupa.
di su re	Wer ist das? (Frage nach dem Namen von jemandem).
Sonam	Das ist Sonam.
Sonam gane re	Woher ist Sonam?
Sonam Tibet ne re	Sonam ist aus Tibet.
ani khyerang gi ming gare re	Und- wie heißen Sie?
nga Drolma yin	Ich heiße Drolma.
Drolma khyerang gapar dro gi yin	Drolma, wohin gehen Sie?-
amchi tsa la dro gi yin	Ich gehe zum Arzt.
garechene amchi tsa la dro gi yin	Warum gehen Sie zum Arzt.
ngä go na gi dug	(Ich gehe zum Arzt), weil ich Kopfschmerzen habe.
khyerang gane yin	Woher sind Sie?
Austria ne yin	Ich bin aus Österreich.
Sonam gane re	Woher ist Sonam?
Tibet ne re	Er/sie ist aus Tibet.
Drolma gapar dro gi re	Wohin geht Drolma?
Drolma amchi tsa la dro gi re	Drolma geht zum Arzt.
garechene Drolma amchi tsa la dro gi re	Warum geht Drolma zum Arzt?
Drolma na gi dug	Drolma ist krank.
amchi gare che gi re	Was wird der Arzt machen?
amchi men der gi re	Der Arzt wird (ihr) Medizin geben.
Ale gale phe	Ahja. Auf Wiedersehen [sagt derjenige der bleibt].
gale shug	Auf Wiedersehen [sagt derjenige der geht].
jema jeyong	Bis später.

13. Zeiten

13.1 Das Konzept der abgeschlossenen, gegenwärtigen oder beabsichtigten Handlungen

Bei der gesprochenen tibetischen Sprache ist der Handlungsaspekt mehr als bei der geschriebenen Sprache im Vordergrund, wobei das Subjekt der Handlung häufig aus dem Verb oder dem Kontext geschlossen wird. Eine Betonung des Subjekts kann in der gesprochenen Sprache mit dem Partikel rang (beispielsweise: nga rang - ich persönlich, ich selber) oder in der geschriebenen Sprache mit dem Partikel ni (beispielsweise: khang pa ni - was das Haus betrifft, dieses Haus) gemacht werden. Dieser Sprachgebrauch, das handelnde Subjekt am Satzanfang wegzulassen, dürfte unter anderem mit der buddhistischen Philosophie, in der die Leerheit aller Phänomene beschrieben wird, zu tun haben.

Die Zeiten (Präsens, Futur, Perfekt, Imperfekt) können bezüglich der Handlung des Subjekts in einem Satz erschlossen werden, wobei eine abgeschlossene Handlung auf Vergangenheit und eine beabsichtigte Handlung auf Zukunft hinweist. Da die Verben mit Hilfsverbkonstruktionen kombiniert werden, kann dadurch eine große Vielfalt an Konnotationen ausgedrückt werden, welche zeitlichen oder konditionalen Charakter haben können und nicht immer ganz einfach in andere Sprachen zu übertragen sind. Da die Hilfsverbkonstruktionen am Satzende oft keine eindeutige zeitliche Beschreibung bietet, kommt zeitlichen Ausdrücken im Satz (beispielsweise: kasang - gestern, sangni - morgen) sowie auch den Beschreibungen von aufeinanderfolgenden Handlungen (beispielsweise: ...ne ...- nachdem, als, weil...) große Bedeutung zu.

Es gibt eine Betonung der Absicht (mit der Hilfsverbkonstruktion gi yin) und eine Betonung der Absichtslosigkeit (mit der Hilfsverbkonstruktion gi re). Soll betont werden was gerade beobachtet wird, wird der Partikel dug am Ende des Satzes benutzt. Soll betont werden, dass etwas abgeschlossen wurde, wird shag am Ende des Satzes benutzt. Hilfsverbkonstruktionen, die Absichtlosigkeit konnotieren, können manchmal auch als Passiv übersetzt werden. Die Hilfsverbkonstruktion gi re kann häufig als Passiv übersetzt werden.

Aktiv und Passiv werden das Aktiv dem Absichts-Aspekt (der Zukunftsaspekt mit der Hilfsverbkonstruktion gi yin, der Perfektsaspekt mit der Hilfsverbkonstruktion pa yin) und das Passiv mit dem Fehlen des Subjekts im Satz (der Zukunftsaspekt mit der Hilfsverbkontruktion gi re, der Perfektsaspekt mit der Hilfsverbkonstruktion pa re) ausgedrückt.

13.2 Präsens

Um die Gegenwart auszudrücken kommen beispielsweise folgende Formen in Frage:
gi dug , gi re , gi yö, Objekt la (...) yö, yin gi re, yo re
yö, yin, re und dug sind Hilfsverben, die (zumeist) in Kombination mit einem Hauptverb bestimmte Konnotationen ausdrücken.
yo re beschreibt eine Allgemeinaussage und wird vor allem in der geschriebenen Sprache benutzt.

13.3 Futur - die Intentionalität einer Handlung wird als Futur übersetzt

gi yin wird in der ersten Person singular und ersten Person plural benutzt und am Ende der Frage an eine Person oder Personengruppe vor dem Fragepartikel (pä, pa), welcher am Satzende steht. Manchmal wird gi yin benutzt wenn man Parteilichkeit oder Zugehörigkeit als Konnotation ausgedrücken oder betonen möchte.

gi re wird in der zweiten und dritten Person singular und plural benutzt, jedoch auch wenn der passive Charakter einer Handlung beziehungsweise des Handlungsergebnisses ausgedrückt werden soll. Ist letzteres der Fall, kann es sogar in der ersten Person singular oder der ersten Person plural benutzt werden. Für den Konditional gibt es mehrere weitere Formen, beispielsweise die Hilfsverbkonstruktionen: yin gi re, yö gi re, yö pa re.

13.4 Perfekt - die abgeschlossene oder in der Vergangenheit begonnene Handlung

pa yin wird in der ersten Person singular und plural benutzt.
pa re wird in der zweiten und dritten Person singular und plural benutzt, bei Betonung der Passivität auch in der jeweils ersten Person.

song wird in der zweiten und dritten Person singular und plural benutzt und betont den Abschluss der Handlung.

14. Deklination der Zeiten anhand des Verbs kaufen

14.1 Präsens

singular			
1.	ང་ཉོ་གི་ཡིན།	nga nyo gi yin/ yö	ich kaufe
2.	ཁྱེདརང་ཉོ་གི་རེད།	khyerang nyo gi re	du kaufst
3.	ཁོང་ཉོ་གི་རེད།	kho/ khong nyo gi re/ dug	er/sie kauft
plural			
1.	ང་ཚོ་ཉོ་གི་ཡིན།	ngatsho nyo gi yin/ yö	wir kaufen
2.	ཁྱེད་རང་ཚོ་ཉོ་གི་རེད།	khyerangtsho nyo gi re	ihr kauft
3.	ཁོང་ཚོ་ཉོ་གི་རེད།	khongtsho nyo gi re	sie kaufen

14.2 Futur

singular			
1.	ང་ཉོ་གི་ཡིན།	nga nyo gi yin	ich werde kaufen
2.	ཁྱེད་རང་ཉོ་གི་རེད།	khyerang nyo gi re	du wirst kaufen
3.	ཁོང་ཉོ་གི་རེད།	kho/ khong nyo gi re	er/ sie wird kaufen
plural			
1.	ང་ཚོ་ཉོ་གི་ཡིན།	ngatsho nyo gi yin	wir werden kaufen
2.	ཁྱེད་རང་ཚོ་ཉོ་གི་རེད།	khyerangtsho nyo gi re	ihr werdet kaufen
3.	ཁོང་ཚོ་ཉོ་གི་རེད།	khongtsho nyo gi re	sie werden kaufen

14.3 Perfekt

singular			
1.	ང་ཉོས་པ་ཡིན།	nga nyö pa yin	ich habe gekauft
2.	ཁྱེད་རང་ཉོས་པ་རེད།	khyerang nyö pa re	du hast gekauft
3.	ཁོང་ཉོས་པ་རེད།	kho/ khong nyö pa re/ song	er/ sie hat gekauft
plural:			
1.	ང་ཚོ་ཉོས་པ་ཡིན།	ngatsho nyö pa yin	wir haben gekauft
2.	ཁྱེད་རང་ཚོ་ཉོས་པ་རེད།	khyerangtsho nyö pa re	ihr habt gekauft
3.	ཁོང་ཚོ་ཉོས་པ་རེད།	khongtsho nyö pa re/ song	sie haben gekauft

15. Die Zeiten anhand der Phrase: ein Buch kaufen

15.1 Präsens

singular	
1. nga deb nyo gi yin/ yö	ich kaufe ein Buch
2. khyerang deb nyo gi re	du kaufst ein Buch
3. kho/ khong deb nyo gi re/ dug	er/ sie kauft ein Buch
plural	
1. ngatsho deb nyo gi yin/ yö	wir kaufen ein Buch
2. khyerangtsho deb nyo gi re	ihr kauft ein Buch
3. khongtsho deb nyo gi re	sie kaufen ein Buch

15.2 Futur

singular	
1. nga deb nyo gi yin	ich werde ein Buch kaufen
2. khyerang deb nyo gi re	du wirst ein Buch kaufen
3. kho/ khong deb nyo gi re	er/ sie wird ein Buch kaufen
plural	
1. ngatsho deb nyo gi yin	wir werden ein Buch kaufen
2. khyerangtsho deb nyo gi re	ihr werdet ein Buch kaufen
3. khongtsho deb nyo gi re	sie werden ein Buch kaufen

15.3 Perfekt

singular	
1. nga deb nyö pa yin	ich habe ein Buch gekauft
2. khyerang deb nyö pa re	du hast ein Buch gekauft
3. kho/ khong deb nyö pa re/ song	er/ sie hat ein Buch gekauft
plural	
1. ngatsho deb nyö pa yin	wir haben ein Buch gekauft
2. khyerangtsho deb nyö pa re	ihr habt ein Buch gekauft
3. khongtsho deb nyö pa re/ song	sie haben ein Buch gekauft

16. Verneinung im Satz: kein Buch kaufen

Die Verneinung des Objekts beziehungsweise der Handlung wird üblicherweise mithilfe der Hilfsverbskonstruktion gemacht.

16.1 Präsens

singular	
1. nga deb nyo gi me	ich kaufe kein Buch
2. khyerang deb nyo gi me/ma re	du kaufst kein Buch
3. kho/ khong deb nyo gi ma re/min dug	er/ sie kauft kein Buch
plural	
1. ngatsho deb nyo gi me	wir kaufen kein Buch
2. khyerangtsho deb nyo gi ma re	ihr kauft kein Buch
3. khongtsho deb nyo gi ma re	sie kaufen kein Buch

16.2 Futur

singular	
1. nga deb nyo gi min	ich werde kein Buch kaufen
2. khyerang deb nyo gi ma re	du wirst kein Buch kaufen
3. kho/ khong deb nyo gi ma re	er/ sie wird kein Buch kaufen
plural	
1. ngatsho deb nyo gi min	wir werden kein Buch kaufen
2. khyerangtsho deb nyo gi ma re	ihr werdet kein Buch kaufen
3. khongtsho deb nyo gi ma re	sie werden kein Buch kaufen

16.3 Perfekt

singular	
1. nga deb nyö pa min	ich habe kein Buch gekauft
2. khyerang deb nyö pa ma re	du hast kein Buch gekauft
3. kho/ khong deb nyö pa ma re/ ma song	er/ sie hat kein Buch gekauft
plural	
1. ngatsho deb nyö pa min	wir haben kein Buch gekauft
2. khyerangtsho deb nyö pa ma re	ihr habt kein Buch gekauft
3. khongtsho deb nyö pa ma re/ ma song	sie haben kein Buch gekauft

17. Sechster Dialog: Suche nach dem Markt und Einkauf

tashi delek (la)	Guten Tag.
trom gapar yö	Können Sie mir sagen wo der Markt ist.
trom la	Der Markt
katuk dang chok yäpa la dro go	ist diese Straße geradeaus hoch und dort vorne rechts hinein.
thukje che	Danke!
tashi delek (la)	Guten Tag.
trom gapar yö	Können Sie mir sagen wo der Markt ist.
trom chok yäpa la yö	Der Markt ist hier auf der rechten Seite.
ngato delek	Guten Morgen.
kuchi barle sum	Bitte, geben Sie mir drei Brote
mar dang oma der ro nang	Butter und Milch.
len ah	Hier (nimm es).
thukje nang	Vielen Dank.
di katshe re	Wie teuer ist dies?
(gormo) shibchu	Vierzig.
thukje nang	Danke.
gale phe	Auf Wiedersehen.
gale shug	Auf Wiedersehen.
ngato delek	Guten Morgen.
(sol)ja yöpä	Haben Sie Tee?
ja yö	Ja,
böja chö gi yö	trinken Sie tibetischen Tee
sölja ngarmo chögi yö (höfl.)	oder süßen Tee?
(nga) ja ngarmo thung gi yö	Ich trinke tibetischen Tee.
(nga) trom la chin pa yin	Ich war auf dem Markt.
barle mar dang oma nyö pa yin	Dort habe ich Brot, Butter und Milch eingekauft.
chura yang nyö pa yin pä	Hast du auch Käse gekauft?
la me chura nyö pa me	Nein ich habe keinen Käse gekauft.
jinä ja nyö pa yin	Aber ich habe Tee gekauft.
chemakara (chini) nyöpa yin pä	Hast du Zucker gekauft.
chini nyöpa me	Nein, ich habe keinen Zucker gekauft.
barle nyö pa yin pä	Hast du Brot gekauft.
la yin barle sum nyö pa yin	Ja, ich habe drei Brote gekauft.

18. Konjugation des Verbs essen im Präsens

18.1 Verb: essen

singular			
1.	ངས་ཁ་ལག་ཟ་གི་ཡིན།	ngä khala za gi yin/yö	ich esse
2.	ཁྱེད་རང་གིས་ཁ་ལག་ཟ་གི་རེད།	khyerang gi khala za gi re	du isst
3.	ཁོངགིས་ཁ་ལག་ཟ་གི་རེད།	khong gi khala za gi re	er/sie isst
plural			
1.	ང་ཚོས་ཁ་ལག་ཟ་གི་ཡིན།	ngatshö khala za gi yin/yö	wir essen
2.	ཁྱེད་རང་ཚོས་ཁ་ལག་ཟ་གི་རེད།	khyerangtshö khala za gi re	ihr esst
3.	ཁོང་ཚོས་ཁ་ལག་ཟ་གི་རེད།	khongtshö khala za gi re	sie essen

18.2 Übungen für Dialoge

1. Wie heißt du? Wie heißen Sie? — khyerang gi ming gare re
   Ich heiße ... — ngä ming ... yin

   Wie heißt er? — khong gi ming gare re
   Er heißt ... — khong gi ming ... re

2. Woher kommst du? — khyerang gane yin
   Ich komme aus ... — (nga) ... ne yin

3. Woher kommt er? — khong gane re
   Er kommt aus ... — (kong) ... ne re

4. Wohin gehen Sie? — khyerang gapar dro gi yin [bestimmter Ort]/ dro gi re [unbestimmter Ort]
   Ich gehe nach Hause. — (nga) nang la dro gi yin

5. Was isst du/ was essen Sie? — khyerang gare chö yi yö
   Ich esse Suppe. — (nga) thugpa thung gi yö

6. Was isst er? — khong gare chö gi re
   Er isst Tsampa. — (khong) tsampa za gi re

7. Was trinkst du?	khyerang gare chö gi yö (höfl.) (khyö) gare thung gi yö (unhöfl.)
Ich trinke Tee.	(nga) ja thung gi yö.
8. Was trinkt er? Er trinkt Kaffe.	khong gare chö gi re (khong) coffee chö gi re
9. Was trinken Sie? Ich trinke Tee.	khyerang gare chö gi yin (nga) ja thung gi yö
10. Wo wohnst du? Ich wohne in Innsbruck	khyerang gapar shug gi yö (nga) Innsbruck la de gi yö
11. Wo wohnt er? Er wohnt in Innsbruck	khong gapar shug gi re (khong) Innsbruck la de gi re
12. Wo wohnen Sie? Ich wohne in Innsbruck.	khyerang gapar shug gi yö (nga) Innsbruck la de gi yö
13. Was arbeitest du?	khyerang gi chakle gare nang gi yö (höfl.) khyerang gi leka gare re (unhöfl.)
Ich studiere.	(nga) lobchong che gi yö
14. Was arbeitet er? Er arbeitet im Haus	khong chakle gare nang gi re (khong) khang pa la leka che gi re
15. Was arbeiten Sie? Ich arbeite am Markt.	khyerang chakle gare nang gi re (nga) trom la leka che gi yö
16. Wohin gehst du? Ich gehe zu Anna	khyerang gapar phe gi re (höfl.) (nga) Anna tsa la dro gi yin
17. Wohin geht er? Er geht zur Schule.	khong gapar phe gi re (khong) lobta la dro gi re
18. Wohin gehen Sie? Ich gehe zur Universität	khyerang gapar dro gi yi (nga) torim lobta la dro gi yin

18.3 Übungen von Deutsch ins Tibetische

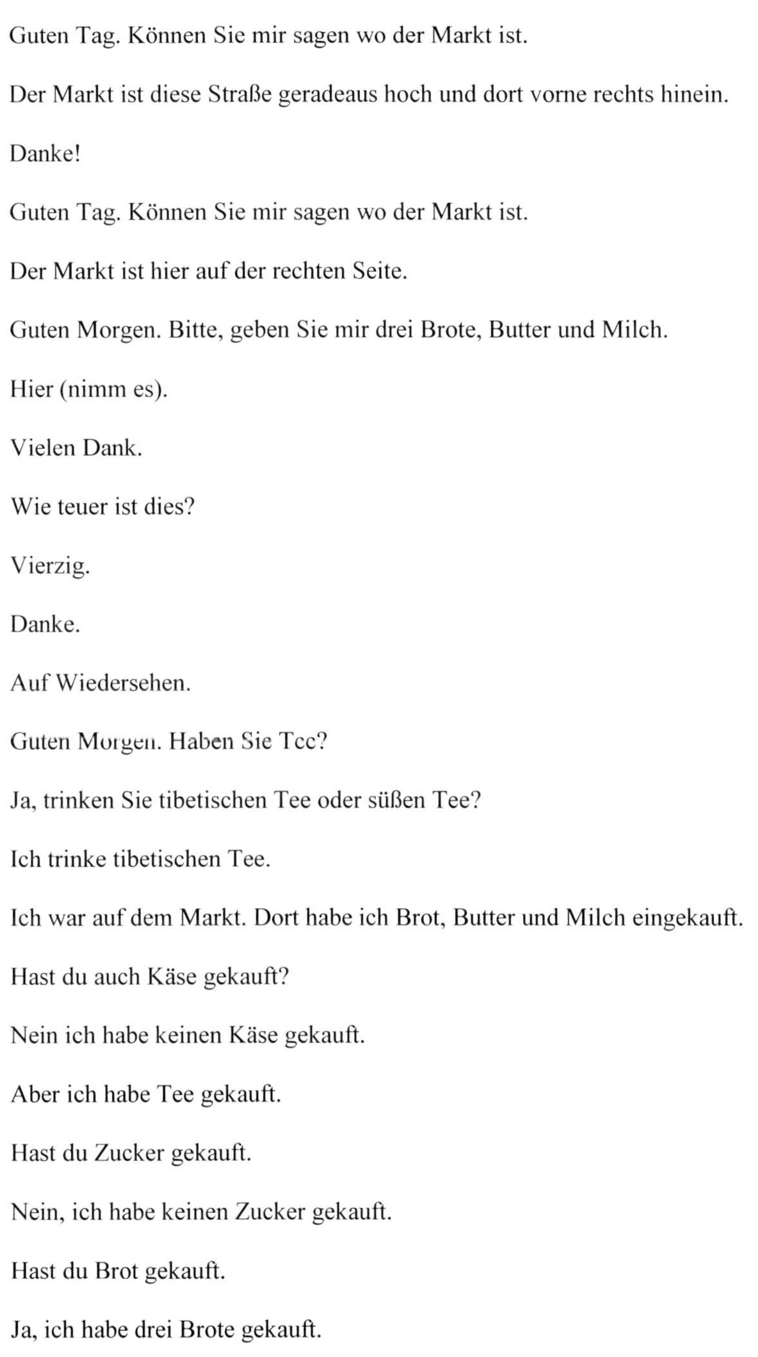

Guten Tag. Können Sie mir sagen wo der Markt ist.

Der Markt ist diese Straße geradeaus hoch und dort vorne rechts hinein.

Danke!

Guten Tag. Können Sie mir sagen wo der Markt ist.

Der Markt ist hier auf der rechten Seite.

Guten Morgen. Bitte, geben Sie mir drei Brote, Butter und Milch.

Hier (nimm es).

Vielen Dank.

Wie teuer ist dies?

Vierzig.

Danke.

Auf Wiedersehen.

Guten Morgen. Haben Sie Tee?

Ja, trinken Sie tibetischen Tee oder süßen Tee?

Ich trinke tibetischen Tee.

Ich war auf dem Markt. Dort habe ich Brot, Butter und Milch eingekauft.

Hast du auch Käse gekauft?

Nein ich habe keinen Käse gekauft.

Aber ich habe Tee gekauft.

Hast du Zucker gekauft.

Nein, ich habe keinen Zucker gekauft.

Hast du Brot gekauft.

Ja, ich habe drei Brote gekauft.

18.4 Übungen von Tibetisch ins Deutsche

tashi delek (la) trom gapar yö

trom la katuk dang chok yäpa la dro go

thukje che.

tashi delek (la) trom gapar yö

trom chok yäpa la yö

ngato delek kuchi barle sum mar dang oma der ro nang

len ah

thukje nang

di katshe re

(gormo) shibchu

thukche nang

gale phe

gale shug

ngato delek (söl)ja yöpä

ja yö böja chö gi yö sölja ngarmo chögi yö (höfl.)

(nga) ja ngarmo thung gi yö

(nga) trom la chin pa yin barle mar dang oma nyö pa yin

chura yang nyö pa yin pä

la me chura nyö pa me

jinä ja nyö pa yin

chemakara (chini) nyöpa yin pä

chini nyöpa me

barle nyö pa yin pä

la yin barle sum nyö pa yin

19. Farben

དཀར་པོ་	karpo	weiß
སེར་པོ་	serpo	gelb
དམར་པོ་	marpo	rot
སྔོན་པོ་	ngön po	blau/blaugrün
ནག་པོ་	nag po	schwarz
སྔོན་དམར་	ngönmar	violett
ལྗང་ཁུ་	jangu	grün
རྒྱ་སྨུག་	gyamug	braun

20. Zahlen

༡ ༢ ༣ ༤ ༥ ༦ ༧ ༨ ༩ ༡༠

༡༡ ༡༢ ༡༣ ༡༤ ༡༥ ༡༦ ༡༧ ༡༨ ༡༩ ༢༠

༢༡ ༢༢ ༢༣ ༢༤ ༢༥ ༢༦ ༢༧ ༢༨ ༢༩ ༣༠

༡	1	cig
༢	2	nyi
༣	3	sum
༤	4	shi
༥	5	nga
༦	6	drug
༧	7	dun
༨	8	gye
༩	9	gu
༡༠	10	chu
༡༡	11	chuchig
༡༢	12	chuni
༡༣	13	chogsum

༡༤	14	chubshi
༡༥	15	chonga
༡༦	16	chodrug
༡༧	17	chogdün
༡༨	18	chogye
༡༩	19	chogu
༢༠	20	nyishu
༢༡	21	nyishutsachig
༢༢	22	nyishunyernyi
༢༣	23	nyishunyersum
༢༤	24	nyishunyershi
༢༥	25	nyishunyernga
༢༦	26	nyishunyerdrug
༢༧	27	nyishunyerdun
༢༨	28	nyishunyergye
༢༩	29	nyishunyergu
༣༠	30	sumchu

21. Verneinung anhand des Verbs gehen

21.1 Präsens

singular	
1. nga dro gi me	ich gehe nicht
2. khyerang dro gi ma re	du gehst nicht
3. khong dro gi ma re/min dug	er/ sie geht nicht
plural	
1. ngatsho dro gi me	wir gehen nicht
2. khyerangtsho dro gi ma re	ihr geht nicht
3. khongtsho dro gi ma re	sie gehen nicht

21.2 Futur

singular	
1. nga dro gi min	ich werde nicht gehen
2. khyerang dro gi ma re	du wirst nicht gehen
3. khong dro gi ma re	er/ sie wird nicht gehen
plural	
1. ngatsho dro gin min	wir werden nicht gehen
2. khyerangtsho dro gi ma re	ihr werdet nicht gehen
3. khongtsho dro gi ma re	sie werden nicht gehen

21.3 Perfekt

singular	
1. nga chin pa me	ich bin nicht gegangen
2. khyerang chin pa ma re	du bist nicht gegangen
3. khong chin pa ma re	er/ sie ist nicht gegangen
plural	
1. ngatsho chin pa me	wir sind nicht gegangen
2. khyerangtsho chin pa ma re	ihr seid nicht gegangen
3. khongtsho chin pa me	sie sind nicht gegangen

22. Konjugation der Phrase: ein Buch lesen

22.1 Präsens

singular	
1. nga deb log gi yin/ yö	ich lese ein Buch
2. khyerang deb log gi re	du liest ein Buch
3. khong deb log gi re	er/ sie liest ein Buch
plural	
1. ngatsho deb log gi yin/ yö	wir lesen ein Buch
2. khyerangtsho deb log gi re	ihr lest ein Buch
3. khongtsho deb log gi re	sie lesen ein Buch

22.2 Futur

singular	
1. nga deb log gi yin	ich werde ein Buch lesen
2. khyerang deb log gi re	du wirst ein Buch lesen
3. khong deb log gi re	er/ sie wird ein Buch lesen
plural	
1. ngatsho deb log gi yin	wir werden ein Buch lesen
2. khyerangtsho deb log gi re	ihr werdet ein Buch lesen
3. khongtsho deb log gi re	sie werden ein Buch lesen

22.3 Perfekt

singular	
1. nga deb log pa yin	ich habe ein Buch gelesen
2. khyerang deb log pa re	du hast ein Buch gelesen
3. khong deb log pa re/song	er/ sie hat ein Buch gelesen
plural	
1. ngatsho deb log pa yin	wir haben ein Buch gelesen
2. khyerangtsho deb log pa re	ihr habt ein Buch gelesen
3. khongtsho deb log pa re/ song	sie haben ein Buch gelesen

23. Konjugation der Phrase: kein Buch lesen

23.1 Präsens

singular	
1. nga deb log gi me	ich lese kein Buch/ ich lese das Buch nicht
2. khyerang deb log gi ma re	du liest kein Buch/ du liest das Buch nicht
3. kho/ khong deb log gi ma re	er/ sie liest kein Buch/ er/ sie liest das Buch nicht
plural	
1. ngatsho deb log gi me	wir lesen kein Buch/ wir lesen das Buch nicht
2. khyerangtsho deb log gi ma re	ihr lest kein Buch/ ihr lest das Buch nicht
3. khongtsho deb log gi ma re	sie lesen kein Buch/ sie lesen das Buch nicht

23.2 Futur

singular	
1. nga deb log gi min	ich werde kein Buch lesen/ ich werde das Buch nicht lesen
2. khyerang deb log gi ma re	du wirst kein Buch lesen/ du wirst das Buch nicht lesen
3. kho/ khong deb log gi ma re	er/ sie wird kein Buch lesen/ er/ sie wird das Buch nicht lesen
plural	
1. ngatsho deb log gi min	wir werden kein Buch lesen/wir werden das Buch nicht lesen
2. khyerangtsho deb log gi ma re	ihr werdet kein Buch lesen/ ihr werdet das Buch nicht lesen
3. khongtsho deb log gi ma re	sie werden kein Buch lesen/ sie werden das Buch nicht lesen

23.3 Perfekt

singular	
1. nga deb log pa min	ich habe kein Buch gelesen/ich habe das Buch nicht gelesen
2. khyerang deb log pa ma re	du hast kein Buch gelesen/ du hast das Buch nicht gelesen
3. kho/ khong deblog ma re/ma song	er hat kein Buch gelesen/ er hat das Buch nicht gelesen
plural	
1. ngantsho deb log pa min	wir haben kein Buch gelesen/wir haben das Buch nicht gelesen
2. khyerangtsho deb log nyö pa ma re	ihr habt kein Buch gelesen/ ihr habt das Buch nicht gelesen
3. khongtsho deb log pa ma re/song	sie haben kein Buch gelesen/ sie haben das Buch nicht gelesen

24. Personalponomen und Verben in höflicher und unhöflicher Form

24.1 Beispiel: Tee trinken

གསོལ་ཇ་མཆོད་པ་

Ich trinke Tee.	nga ja thung gi yin (ich beabsichtige Tee zu trinken)	(unhöfl.)
	nga ja thung gi re (ich trinke - vielleicht - Tee)	(unhöfl.)
Trinkst du Tee?	khyerang solja chö gi yinpä	(höfl.)
	khye ja thung gi yinpä	(unhöfl.)
Du trinkst Tee.	khyerang solja chö gi re	(höfl.)
	khye ja thung gi re	(unhöfl.)
Er trinkt Tee.	khong solja chögi re	(höfl.)
	khong solja chögi dug (ich habe gerade gesehen wie er Tee trinkt)	(höfl.)
Wir trinken Tee.	ngatsho ja thung gi yin	(unhöfl.)
	ngatsho ja thung gi re	(unhöfl.)
	ngatsho solja chö gi re (wenn jemand in der Gruppe dabei ist dem man Respekt erweisen will)	(höfl.)
Trinkt Ihr Tee.	khyerangtsho solja chö gi yinpä	(höfl.)
	khyetsho ja thung gi yinpä	(unhöfl.)
Ihr trinkt Tee.	khyerangtsho solja chö gi re	(höfl.)
	khyetsho ja thung gi re	(unhöfl.)
Sie trinken Tee.	khongtsho solja chö gi re	(höfl.)
	khotsho ja thung gi re	(unhöfl.)

24.2 Phrasen zum Essen und Trinken ག་རེ་ཟ་གི་རེད།

Was isst du?	khyerang gare za gi re	ཁྱེད་རང་ག་རེ་ཟ་གི་རེད།
Ich esse Gemüse.	nga tshel za gi re	ང་ཚལ་ཟ་གི་རེད།
Was isst er?	khong/ kho gare za gi re	ཁོང་ག་རེ་ཟ་གི་རེད། ཁོ་ག་རེ་ཟ་གི་རེད།
Er isst Brot.	khong barle za gi re	ཁོང་བག་ལེབ་ཟ་གི་རེད།
Was isst sie?	khong ga re za gi re	ཁོང་ག་རེ་ཟ་གི་རེད།
	mo gare za gi re	མོ་ག་རེ་ཟ་གི་རེད།
Sie isst Joghurt.	khong sho za gi re	ཁོང་ཞོ་ཟ་གི་རེད།
	khong sho thung gi re	ཁོང་ཞོ་འཐུང་གི་རེད།
Was isst du gerne?	khyerang gare za(n) dö yö	ཁྱེད་རང་ག་རེ་ཟ་འདོད་ཡོད།
Ich esse gerne Käse.	nga chura za(n) dö yö	ང་ཕྱུ་ར་ཟ་འདོད་ཡོད།
Was isst du noch gerne?	ani schenpa	ཨ་ནི་གཞན་པ།
Ich esse gerne Obst.	nga shingtog za(n) dö yö	ང་ཤིང་ཏོག་ཟ་འདོད་ཡོད།

Wir essen das Mittagessen.	ngatsho nyingkung khala za gi re	ང་ཚོས་ཉིང་གུང་ཁ་ལག་ཟ་གི་རེད།
Was trinkst du?	gare thung gi yö	ག་རེ་འཐུང་གི་ཡོད།
Ich trinke Tee.	nga ja thung gi yin	ང་ཇ་འཐུང་གི་ཡིན།
Welchen Tee trinkst du?	ja gare	ཇ་ག་རེ།
Ich trinke schwarzen Tee.	ja nagpo thung gi yin	ཇ་ནག་པོ་འཐུང་གི་ཡིན།
Ist das tibetischer Tee?	di böja yö pä	འདི་བོད་ཇ་ཡོད་པས།
Nein.	la me	ལགས་མེད།

Tibetischer Tee ist schwarzer Tee mit Salz und Butter.

böja nang la ja nagpo dang tsha dang mar dug

བོད་ཇ་ནང་ལ་ཇ་ནག་པོ་དང་ཚ་དང་མར་འདུག

Was trinkst du?	khyerang gare thung gi yö	ཁྱེད་རང་ག་རེ་འཐུང་གི་ཡོད།
Ich trinke Kaffee.	nga coffee thung gi yö	ང་coffee འཐུང་གི་ཡོད།

25. Buddhistische Terminologie: Die Drei Juwelen

die Drei Juwelen	künchog sum	དཀོན་མཆོག་གསུམ་
	wörtlich:	kün - rar, selten, chog - höchste, sum - drei
der Buddha	sangye	སངས་རྒྱས་
	wörtlich:	sang - (die Verblendungen) geklärt gye - (die Qualitäten) entwickelt, ausgeweitet
der Dharma	chö	
die Sangha	gendün	

der Dharma	chö	
das Mitgefühl	nyingje	
das Bodhicitta (entwickeln)	changchub(chogdu)sem (gye)	བྱང་ཆུབ་མཆོག་ཏུ་སེམས་བསྐྱེད་
	wörtlich:	changchub - Erleuchtung, Bodhicitta chog - höchste semgye: sem - Denken, gye - entwickeln
das Samsara	khorwa	
das Nirvana	nganenledä	
das Karma	le	

26. Trainings- und Übungsblätter
26.1 Übungsblatt Zahlen

༡ ༢ ༣ ༤ ༥ ༦ ༧ ༨ ༩ ༡༠

༡༡ ༡༢ ༡༣ ༡༤ ༡༥ ༡༦ ༡༧ ༡༨ ༡༩ ༢༠

༢༡ ༢༢ ༢༣ ༢༤ ༢༥ ༢༦ ༢༧ ༢༨ ༢༩ ༣༠

drug chuchig gu shi chuni chu cig

dun nyi gye nga chogu nyishunyernyi

sum chogsum nyishu nyishunyernga chonga

chubshi nyishunyerdrug chodrug chogye

nyishunyersum chogdün nyishutsachig sumchu

nyishunyershi nyishunyergu nyishunyerdun nyishunyergye

༦ ༡༧ ༡༠ ༡༢ ༢༨ ༡༡ ༢༤

༤ ༧ ༥ ༢༦ ༣༠ ༣ ༦

༩ ༨ ༡༣ ༡༤ ༡༦ ༡༨ ༡

༡༩ ༢༧ ༢༡ ༥ ༢༣ ༢༩ ༤

༢༠ ༧ ༢༢ ༡༥ ༢༥ ༩ ༡༠

༨ ༢༠ ༡༥ ༡༩ ༡༨ ༢ ༥

༨ ༡༣ ༢༡ ༡༦ ༥ ༡༤ ༢༦

26.2 Übung aller Dialoge von Deutsch ins Tibetische

Wie heißt du? Wie alt bist du? Welche Sprachen sprichst du?

Kannst du Tibetisch? Sprichst du Englisch?

Woher kommst du? Wie viele Geschwister hast du?

Was machst du? Wohin gehst du?

Komm wir trinken Tee! Trinkst du Tee? Ich trinke keinen Tee. Er trinkt Tee.

Wie spät ist es? Ich gehe nach Hause.

Gehst du nicht in die Schule? Nein, ich gehe nicht in die Schule. Ich gehe nach Hause.

Wohin gehst du? Ich gehe zum Markt.

Gehst du nicht nach Hause? Nein, ich gehe jetzt zum Markt

Wohin geht er? Er geht nach Hause.

Geht er nicht in die Schule. Nein er geht nach Hause.

Wohin geht sie? Sie geht in die Schule.

Geht sie nicht zum Markt? Nein, sie geht in die Schule.

Wohin gehen wir? Wir gehen zum See.

Gehen wir nicht zum Markt? Nein wir gehen zum See

Wohin geht ihr? Wir gehen zur Stupa.

Gehen wir nicht zum See. Nein, wir gehen zur Stupa.

26.3 Übung aller Dialoge von Tibetisch ins Deutsche

khong gi tshen gare re (höfl.)

kusug debo yinpä

tashi delek

tashi delek sonam la

khyerang gapar dro gi yin

(nga) nang la dro gi yin

nga - khyö

khongtsho

ngatsho dro gi yin

khye su yin

khyerang gi ming gare re

khyerang gi tshen gare re (höfl.)

tashi delek tenzin la

nga drolma yin

tenzin la khyerang gapar phe gi re

nga drom la dro gi yin

khong gi tshen gare re (höfl.)

khong gi tshen Tenzin re (höfl.)

drolma lobta la phe gi re

la yin (nga) debo yin

a ni

khyerangtsho dro gi re

nga dro gi yin

khye dro gi re

kho dro gi re

barle nyo gi yö

khyerang gapar dro gi yin

(nga) lobta la dro gi yin

lobta la gare che gi yö

lobchong che gi yö

gale phe

khyerang phe gi re

tashi delek tenzin la

drolma gapar phe gi re

khö ming gare re

khong Nyima la re

mo dro gi re

khyetsho dro gi re

khotsho dro gi re

nga dro gi yin

khyerang dro gi re

Tenzin Lhamo

ngatsho dro gi yin

khongtsho dro gi re

nga dro gi yin

pala gapar phe gi re

pala khangpa la phe gi re

amala gapar phe gi re

ngatsho dro gi yin

khyerangtsho dro gi re.

khong phe gi re

ngatsho dro gi yin

khyerangtsho phe gi re

khongtsho phe gi re

(nga) drom la dro gi yin

drom la ga re nyo gi yö

gale shug

nga dro gi yö

khyerang dro gi re

khong dro gi re

ngatsho dro gi yö

khyerangtsho dro gi re

nga nang la dro gi yin

pe shimpo dug

tengsang chagle gare nang gi yö

yar phe nang

thugje che

dir shug rog nang

la thugje che

khyerang solja chö gi yin pä

choden la dro gi yin

ani khyerang gi ming gare re

nga Drolma yin

Drolma khyerang gapar dro gi yin

amchi tsa la dro gi yin

gare

gande(s)

khala gare thugpa dang tsampa

la yin tsampa dets za gi yin

shela nyepo chö ro nang

amala tshongkhang la phe gi re

tashi delek sonam la

khyerang gapar dro gi yin

khongtsho dro gi re

nga dro gi yin

thugje che

khala shimpo dugä

khong dro gi re

khyerang dro gi re

khongtsho dro gi re

nga chin pa yin

khyerang chin pa re

la yin ja thung gi yin

ani khyerang

la me ja thung gi me coffi thung gi yin

khyerangtsho shela chö gi yin pä

la me nga khala za gi me

su

gane

gapar

ngatsho tshong khang la leka che gi yö

khyerang gi tshong khang gapar yö

khang pa di gyab lo la yö

gare tshong gi re

deb dang peja tshong gi re

ale

ngatsho dro go re

gapar phe gi re

nga tashi tsa la dro gi yin

dang drolma nang la dro gi re

nang la gare nang gi re

nangle che gi re

da jema jeyong

laso gale phe

choden la gare che gi yö

chora dro gi yö

di su re

di Sonam re

Sonam gane re

Sonam Tibet ne re

tashi delek Tashi la

garechene amchi tsa la dro gi yin

ngä go na gi dug

khyerang gane yin

austria ne yin

Sonam gane re

Drolma gapar dro gi re

(Drolma) amchi tsa la dro gi re

garechene Drolma amchi tsa la dro gi re

Drolma na gi dug

amchi gare che gi re

gale shug jema jeyong

garechene

gadü

tashi delek Tashi la

tashi delek Phuntsok la

gapar dro gi yin

khong chin song

ngatsho chin pa yin

khyerangtsho chin pa yin

khongtsho chin song

tashi delek Nyima la

amchi men der gi re

ale gale phe

gale shug

khyerang

kho

mo

khong

27. Dialoge

27.1 Siebenter Dialog: wie heißt du, woher kommst du, hast du verstanden མཚན་ག་རེ་རེད།

Hallo!	tashi delek བཀྲ་ཤིས་བདེ་ལེགས།
Ich heiße Tenzin.	ngä ming tenzin yin ངའི་མིང་བསྟན་འཛིན་ཡིན།
Wie heißt du?	khyerang gi tshen gare re ཁྱེད་རང་གི་མཚན་ག་རེ་རེད། khyerang gi tshen gare shu gi yö ཁྱེད་རང་གི་མཚན་ག་རེ་ཞུ་གི་ཡོད།
Heißt du Pema?	khyerang gi tshen pema la yin pä ཁྱེད་རང་གི་མཚན་པད་མ་ལགས་ཡིན་པས།
Nein, ich heiße Anna.	la me ngä ming anna yin ལགས་མེད། ངའི་མིང་ཨ་ན་ཡིན།
Wie heißen Sie?	khyerang gi tshen gare yin ཁྱེད་རང་གི་མཚན་ག་རེ་ཡིན།
Ich heiße Dr. Tsering.	ngä ming amche tshering yin ངའི་མིང་ཨེམ་ཆེ་ཚེ་རིང་ཡིན།
Wie heißt er?	khong gi tshen gare re ཁོང་གི་མཚན་ག་རེ་རེད།
Er heißt Hans.	khong gi ming hans re ཁོང་གི་མིང་ཧྲནས་རེད།
Er ist mein Freund.	khong ngä rogpa re ཁོང་ངའི་རོགས་པ་རེད།
Aus welchem Land bist du?	khyerang lungpa gane yin ཁྱེད་རང་ལུང་པ་ག་ནས་ཡིན།
Woher bist du?	khyerang gane yin ཁྱེད་རང་ག་ནས་ཡིན།

Ich bin aus Tibet.

bö ne yin
བོད་ནས་ཡིན།

Wo in Tibet wohnst du?

bö la gapar shu gi yö
བོད་ལ་ག་པར་བཞུགས་ཀྱི་ཡོད།

Ich bin aus Nepal.

beyul ne yin
བལ་ཡུལ་ནས་ཡིན།

Er ist aus Indien.

khong gyagar ne re
ཁོང་རྒྱ་གར་ནས་རེད།

Sie ist aus Österreich.

khong Austria ne re
ཁོང་ Austria ནས་རེད།

Wie heißen sie?

khongtshö tshen gare re
ཁོང་ཚོའི་མཚན་ག་རེ་རེད།

Sie heißen Anna und Hans.

khongtshö ming anna dang hans re
ཁོང་ཚོའི་མིང་ཨ་ན་དང་ཧནས་རེད།

Hast du verstanden?

khyen songe
མཁྱེན་སོང་ནས།

Ich habe nicht verstanden.

hago ma song
ཧ་གོ་མ་སོང་།

Ich habe verstanden.

hago song
ཧ་གོ་སོང་།

Bitte, sage es noch einmal.

yangkyar sung ro nang
ཡང་སྐྱར་གསུང་རོགས་གནང་།

Bitte, sage es langsam.

gale sung ro nang
ག་ལེར་གསུང་རོགས་གནང་།

Danke. Ich habe verstanden.

thug je che hago song
ཐུགས་རྗེ་ཆེ། ཧ་གོ་སོང་།

27.2 Achter Dialog: wo wohnst du, hast du ein Telefon བཞུགས་ས

Wo wohnst du jetzt?

da(n) da gapar de gi yö
ད་ལྟ་ག་པར་བསྡད་ཀྱི་ཡོད།
da(n) da gapar shug gi yö
ད་ལྟ་ག་པར་བཞུགས་ཀྱི་ཡོད།

Ich wohne in ... .

(nga) ...la de gi yö
... ལ་བསྡད་ཀྱི་ཡོད།

In welcher Straße wohnst du?

lamka gare shug gi yö
ལམ་ཀ་ག་རེ་བཞུགས་ཀྱི་ཡོད།

Ich wohne in der ... Straße.

(nga) Straße la de gi yö
...Straße ལ་བསྡད་ཀྱི་ཡོད།

Wie ist deine Hausnummer?

khyerang gi khangpä angtrang gatshe re
ཁྱེད་རང་གི་ཁང་པའི་ཨང་གྲངས་ག་ཚད་རེད།

Hast du ein Telefon?

khyerang la khapar yöpä
ཁྱེད་རང་ལ་ཁ་པར་ཡོད་པས།

Ja. Ich habe ein Telefon.

la yö khapar yö
ལགས་ཡོད། ཁ་པར་ཡོད།

Wie ist deine Telefonnummer?

khyerang gi shelpar gi angtrang gatshe re
ཁྱེད་རང་གི་ཞལ་པར་གྱི་ཨང་གྲངས་ག་ཚད་རེད།

Meine Telefonnummer ist ... .

ngä khapar gi angtrang ...re
ངའི་ཁ་པར་གྱི་ཨང་གྲངས་ ...རེད།

27.3 Neunter Dialog: was arbeitest du ཕྱག་ལས

Welche Arbeit machst du? Was arbeitest du?
(khyerang) leka gare che gi yö
ཁྱེད་རང་ལས་ཀ་ག་རེ་བྱེད་ཀྱི་ཡོད།

Welche Arbeit machen Sie?
(khyerang) chagle gare nang gi yö
ཁྱེད་རང་ཕྱག་ལས་ག་རེ་གནང་གི་ཡོད།

Ich arbeite in einem Restaurant.
(nga) zakhang (gi) leka che gi yö
ང་ཟ་ཁང་གི་ལས་ཀ་བྱེད་ཀྱི་ཡོད།

Ich bin Student.
(nga) lobtru yin
ང་སློབ་ཕྲུག་ཡིན།

Ich lerne Deutsch.
(nga) jermenke lobchog che gi yö
ང་ཇེར་མེན་སྐད་སློབ་སྦྱོང་བྱེད་ཀྱི་ཡོད།

Lernst du Englisch?
(khyerang) chinke lobchong che gi yöpä
ཁྱེད་རང་དབྱིན་སྐད་སློབ་སྦྱོང་བྱེད་ཀྱི་ཡོད་པས།

Nein, ich lerne kein Englisch.
la me (nga) chinke lobchong che gi me
ལགས་མེད། ང་དབྱིན་སྐད་སློབ་སྦྱོང་བྱེད་ཀྱི་མེད།

Was arbeitet sie?
khong chagle gare nang gi dug
ཁོང་ཕྱག་ལས་ག་རེ་གནང་གི་འདུག

Sie arbeitet als Gärtnerin.
khong dumrä leka nang gi dug
ཁོང་སྡུམ་རའི་ལས་ག་གནང་གི་འདུག

Welche Arbeit machst du?
(khyerang) chagle gare nang gi yö
ཁྱེད་རང་ཕྱག་ལས་ག་རེ་གནང་གི་ཡོད།

Ich bin Lehrer.
(nga) gegen yin
ང་དགེ་རྒན་ཡིན།

27.4 Zehnter Dialog: das Zimmer ཁང་པ་

Was ist das?

di gare re
འདི་ག་རེ་རེད།

Das ist ein Tisch.

di chogtse re
འདི་ཅོག་ཙེ་རེད།

Was ist das?

di gare re
འདི་ག་རེ་རེད།

Das ist ein Bett.

di nyelti re
འདི་ཉལ་ཁྲི་རེད།

Und wie heißt dies?

di ming gare re
འདིའི་མིང་ག་རེ་རེད།

Dies ist ein Sessel.

di kubgya re
འདི་ཀུབ་ཀྱག་རེད།

In meinem Zimmer sind ein Tisch und drei Sessel.

ngä khangpa nang la
chogtse dang kubgya sum re
ངའི་ཁང་པ་ནང་ལ་ཅོག་ཙེ་དང་ཀུབ་ཀྱག་གསུམ་རེད།

In meinem Zimmer ist ein Bett.

ngä khangpa nang la nyelti re
ངའི་ཁང་པ་ནང་ལ་ཉལ་ཁྲི་རེད།

Hier ist ein Kühlschrank.

dir gyagam re
འདིར་འཁྱག་སྒམ་རེད།

Im Kühlschrank sind viele Dinge.

kyagam nang la chala mangpo dug
འཁྱག་སྒམ་ནང་ལ་ཅ་ལག་མང་པོ་འདུག

Im Kühlschrank ist Milch, Butter und Käse.

kyagam nang la
oma dang mar dang chura dug
འཁྱག་སྒམ་ནང་ལ་འོ་མ་དང་མར་དང་ཕྱུ་ར་འདུག

Das Brot liegt auf dem Tisch.

barle chogtse gang la dug
བག་ལེབ་ཅོག་ཙེ་སྒང་ལ་འདུག

Auf dem Tisch sind Messer und Löffel.

chogtse gang la dri dang turma dug
ཅོག་ཙེ་སྒང་ལ་ཁྲི་དང་ཐུར་མ་འདུག

Ich mache jetzt Tee.

(nga) solja kol gi yin
ང་གསོལ་ཇ་སྐོལ་གི་ཡིན།

Trinken Sie Tee mit mir?	nga nyam du sol ja chögi yin pä ང་མཉམ་དུ་གསོལ་ཇ་མཆོད་ཀྱི་ཡིན་པས།
Trinkst du Tee mit mir?	nga nyam du sol ja thung gi yin pä ང་མཉམ་དུ་ཇ་འཐུང་གི་ཡིན་པས།
Welchen Tee machst du?	ja gare kol gi yinpä ཇ་ག་རེ་སྐོལ་གི་ཡིན་པས།
Hier ist schwarzer Tee und hier ist Kräutertee.	dir ja nagpo dang tsaja dug འདིར་ཇ་ནག་པོ་དང་རྩྭ་ཇ་འདུག
Welchen Tee möchtest du trinken?	solja gare chö(n) dö yö གསོལ་ཇ་ག་རེ་མཆོད་འདོད་ཡོད། ja gare thung gi yö ཇ་ག་རེ་འཐུང་གི་ཡོད།
Ich trinke schwarzen Tee mit Milch.	(nga) ja nagpo oma nyamdu thung gi yö ང་ཇ་ནག་པོ་འོ་མ་མཉམ་དུ་འཐུང་གི་ཡོད།
Welchen Tee trinkst du?	ani khyerang sol a gare chö(n)dö yö ཨ་ནི་ཁྱེད་རང་གསོལ་ཇ་ག་རེ་མཆོད་འདོད་ཡོད།
Ich trinke schwarzen Tee mit Butter.	(nga) ja nagpo mar nyamdu thung gi yö ང་ཇ་ནག་པོ་མར་མཉམ་དུ་འཐུང་གི་ཡིན།
Ist das Wasser gekocht?	chab khö songä ཆབ་སྐོལ་སོང་ངས། chu khö songä ཆུ་སྐོལ་སོང་ངས།
Ja, ich habe das Wasser in die Tassen gegossen.	la khö song ལགས་སྐོལ་སོང་། chu karyöl nang la lug pa yin ཆུ་དཀར་ཡོལ་ནང་ལ་བླུག་པ་ཡིན།
Der Tee ist fertig.	solja khö shag གསོལ་ཇ་སྐོལ་ཞག

27.5 Elfter Dialog: wie geht es dir

སྐུ་གཟུགས་བདེ་པོ་ཡིན་པས

Willkommen!	chag phe nang chung ཕྱག་ཕེབས་གནང་བྱུང་།
Wann bist du gekommen?	gadü pheba ག་དུས་ཕེབས་པ།
Wo warst du?	gapar thegpa ག་པར་ཐེགས་པ།
Komme herein!	nang la phe ནང་ལ་ཕེབས།
Wie geht es dir?	(khyerang) kusug debo yinpä ཁྱེད་རང་སྐུ་གཟུགས་བདེ་པོ་ཡིན་པས།
Danke mir geht es gut.	la yin (nga sugpo) debo yin ལགས་ཡིན། ང་གཟུགས་པོ་བདེ་པོ་ཡིན།
Möchtest du Tee trinken?	(khyerang) solja chö gi yöpä ཁྱེད་རང་གསོལ་ཇ་མཆོད་ཀྱི་ཡོད་པས།
Ja ich trinke gerne Tee.	(nga) ja thung dö yö ང་ཇ་མཐུང་འདོད་ཡོད།
Welchen Tee trinkst du?	ja gare thung gi yö ཇ་ག་རེ་མཐུང་གི་ཡོད།
Ich trinke tibetischen Tee (schwarzen Tee mit Salz und Butter).	böja thung gi yö བོད་ཇ་མཐུང་གི་ཡོད།
Möchtest du etwas essen?	shela chö gi yöpä ཞལ་ལག་མཆོད་ཀྱི་ཡོད་པས། khala za gi yöpä ཁ་ལག་ཟ་གི་ཡོད་པས།
Nein, danke.	la me khala za gi me ལགས་མེད། ཁ་ལག་ཟ་གི་མེད།

27.6 Zwölfter Dialog: ich gehe Obst einkaufen

ཤིང་ཏོག་ཉོ་གར་འགྲོ་གི་ཡིན།

Ich gehe heute Obst einkaufen.	dering (nga) shingto nyogar dro gi yin. དེ་རིང་ང་ཤིང་ཏོག་ཉོ་གར་འགྲོ་གི་ཡིན།
Kommst du mit mir?	khyerang nga nyam du yongi yinpä? ཁྱེད་རང་ང་མཉམ་དུ་ཡོང་གི་ཡིན་པས།
Ja.	la yin. ལགས་ཡིན།
Ich komme mit dir Obst einkaufen.	(nga) khyerang nyam du shingto nyogar dro gi yin ང་ཁྱེད་རང་མཉམ་དུ་ཤིང་ཏོག་ཉོ་གར་འགྲོ་གི་ཡིན།
Wo kauft du Obst.	shingto gapar nyo gi yin ཤིང་ཏོག་ག་པར་ཉོ་གི་ཡིན།
Ich kaufe das Obst im Dorf.	shingto drongseb nang la nyo gi yin ཤིང་ཏོག་གྲོང་གསེབ་ནང་ལ་ཉོ་གི་ཡིན།
Wann gehen wir (einkaufen).	(ngatsho) gadü dro gi yin ང་ཚོ་ག་དུས་འགྲོ་གི་ཡིན།
Gehen wir nach dem Mittagessen Obst einkaufen!	nyingung khala (gi) je la shingto nyogar dro ཉིན་གུང་ཁ་ལག་གི་རྗེས་ལ་ཤིང་ཏོག་ཉོ་གར་འགྲོ
Wie lange müssen wir bis ins Dorf gehen?	drongseb drogar dütshe gatshe go gi dug གྲོང་གསེབ་འགྲོ་གར་དུས་ཚོད་ག་ཚོད་དགོས་གི་འདུག
Wir müssen eine halbe Stunde zu Fuß gehen.	kangpa gyab ne chutshö cheka tsam go gi dug རྐང་པ་རྒྱབ་ནས་ཆུ་ཚོད་ཕྱེད་ཀ་ཙམ་དགོས་གི་འདུག
Komm wir gehen gemeinsam!	nga nyam du phe sho ང་མཉམ་དུ་ཕེབས་ཤོག

27.7 Dreizehnter Dialog: beim Einkauf

ཤིང་ཏོག་ག་རེ་ཉོ་གི་ཡོད།

Welches Obst kaufst du?	shingto gare nyo gi yö ཤིང་ཏོག་ག་རེ་ཉོ་གི་ཡོད།
Ich kaufe Pfirsiche.	(nga) khambu nyo gi yin ང་ཁམ་བུ་ཉོ་གི་ཡིན།
Und welches Obst kaufst du?	ani khyerang shingto gare nyo gi yin ཨ་ནི་ཁྱེད་རང་ཤིང་ཏོག་ག་རེ་ཉོ་གི་ཡིན།
Ich kaufe Äpfel.	(nga) kushu nyo gi yin ང་ཀུ་ཤུ་ཉོ་གི་ཡིན།
Möchtest du Yoghurt kaufen?	sho nyo(n)dö yö pä ཞོ་ཉོ་འདོད་ཡོད་པས།
Ja. Ich kaufe Yoghurt.	la nyo(n)dö yö ལགས་ཉོ་འདོད་ཡོད། sho nyo(n)dö yö ཞོ་ཉོ་འདོད་ཡོད།

27.8 Vierzehnter Dialog: Guten Morgen

སྔ་དྲོ་བདེ་ལེགས

Guten Morgen Tenzin.

ngato delek tenzin la
སྔ་དྲོ་བདེ་ལེགས་བསྟན་འཛིན་ལགས།

Guten Morgen Pema.

ngato delek pema la
སྔ་དྲོ་བདེ་ལེགས་པད་མ་ལགས།

Hast du gut geschlafen?

nyi yagpo khu zinpa yinpä
གཉིད་ཡག་པོ་ཁུ་ཟིན་པ་ཡིན་པས།

Ja, danke ich habe gut geschlafen.

la yin yagpo nyiku zinpa yin
ལགས་ཡིན། ཡག་པོ་གཉིད་ཁུ་ཟིན་པ་ཡིན།

Wohin gehst du?

(khyerang) gapar dro gi yin
ཁྱེད་རང་ག་པར་འགྲོ་གི་ཡིན།

gapar dro gi yin
ག་པར་འགྲོ་གི་ཡིན།

Ich gehe mir das Gesicht waschen.

(ngä) dong drüpar dro gi yin
ངའི་གདོང་འཁྲུད་པར་འགྲོ་གི་ཡིན།

Aha. Und wohin gehst du?

ale ani khyerang
ཨ་ལེ། ཨ་ནི་ཁྱེད་རང་།

Ich gehe jetzt frühstücken.

(nga) shoke khala zagar dro gi yin
ང་ཞོགས་ཀའི་ཁ་ལག་ཟ་གར་འགྲོ་གི་ཡིན།

Ich komme auch zum Frühstück.

nga yang shoke khala zagar dro gi yin
ང་ཡང་ཞོགས་ཀའི་ཁ་ལག་ཟ་གར་འགྲོ་གི་ཡིན།

Wartest du auf mich? Ja, gerne.

gu ro nang
སྒུག་རོགས་གནང་།

la gu gi yin
ལགས་སྒུག་གི་ཡིན།

Ich warte hier auf dich.

nga dir gu gi yin
ང་འདིར་སྒུག་གི་ཡིན།

Dann können wir gemeinsam frühstücken gehen.dene ngatsho nyamdu shoke khala zagar dro gi yin
དེ་ནས་ང་ཚོ་མཉམ་དུ་ཞོགས་ཀའི་ཁ་ལག་ཟ་གར་འགྲོ་གི་ཡིན།

28. Phrasen

28.1 Verb: sprechen

28.1.1 Präsens

singular		
1. ich spreche	nga kecha she gi yin/ yö	ང་སྐད་ཆ་གཤོད་ཀྱི་ཡོད།
2. du sprichst	khyerang kecha she gi re	ཁྱེད་རང་སྐད་ཆ་གཤོད་ཀྱི་རེད།
3. er/ sie spricht	khong kecha she gi re/ dug	ཁོང་སྐད་ཆ་གཤོད་ཀྱི་རེད། ཁོང་སྐད་ཆ་གཤོད་ཀྱི་འདུག
plural		
1. wir sprechen	ngatsho kecha she gi yin/ yö	ང་ཚོ་སྐད་ཆ་གཤོད་ཀྱི་ཡོད།
2. ihr sprecht	khyerangtsho kecha she gi re	ཁྱེད་རང་ཚོ་སྐད་ཆ་གཤོད་ཀྱི་རེད།
3. sie sprechen	khongtsho kecha she gi re	ཁོང་ཚོ་སྐད་ཆ་གཤོད་ཀྱི་རེད།

28.1.2 Imperfekt

singular		
1. ich sprach	nga kecha she pa yin	ང་སྐད་ཆ་བཤད་པ་ཡིན།
2. du sprachst	khyerang kecha she pa re	ཁྱེད་རང་སྐད་ཆ་བཤད་པ་རེད།
3. er/ sie sprach	khong kecha she pa re	ཁོང་སྐད་ཆ་བཤད་པ་རེད།
plural		
1. wir sprachen	ngatsho kecha she pa yin	ང་ཚོ་སྐད་ཆ་བཤད་པ་ཡིན།
2. ihr spracht	khyerangtsho kecha she pa re	ཁྱེད་རང་ཚོ་སྐད་ཆ་བཤད་པ་རེད།
3. sie sprachen	khongtsho kecha she pa re	ཁོང་ཚོ་སྐད་ཆ་བཤད་པ་རེད།

28.1.3 Perfekt

singular		
1. ich habe gesprochen	nga kecha she pa yin	ང་སྐད་ཆ་བཤད་པ་ཡིན།
2. du hast gesprochen	khyerang kecha she pa re	ཁྱེད་རང་སྐད་ཆ་བཤད་པ་རེད།
3. er/ sie hat gesprochen	khong kecha she pa re	ཁོང་སྐད་ཆ་བཤད་པ་རེད།
plural		
1. wir haben gesprochen	ngatsho kecha she pa yin	ང་ཚོ་སྐད་ཆ་བཤད་པ་ཡིན།
2. ihr habt gesprochen	khyerangtsho kecha she pa re	ཁྱེད་རང་ཚོ་སྐད་ཆ་བཤད་པ་རེད།
3. sie haben gesprochen	khongtsho kecha she pa re	ཁོང་ཚོ་སྐད་ཆ་བཤད་པ་རེད།

28.1.4 Futur

singular		
1. ich werde sprechen	nga kecha she gi yin	ང་སྐད་ཆ་བཤད་ཀྱི་ཡིན།
2. du wirst sprechen	khyerang kecha she gi re	ཁྱེད་རང་སྐད་ཆ་བཤད་ཀྱི་རེད།
3. er/ sie wird sprechen	khong kecha she gi re	ཁོང་སྐད་ཆ་བཤད་ཀྱི་རེད།
plural		
1. wir werden sprechen	ngatsho kecha she gi yin	ང་ཚོ་སྐད་ཆ་བཤད་ཀྱི་ཡིན།
2. ihr werdet sprechen	khyerangtsho kecha she gi re	ཁྱེད་རང་ཚོ་སྐད་ཆ་བཤད་ཀྱི་རེད།
3. sie werden sprechen	khongtsho kecha she gi re	ཁོང་ཚོ་སྐད་ཆ་བཤད་ཀྱི་རེད།

28.2 Verb: schreiben

28.2.1 Präsens

singular		
1. ich schreibe	nga ti gi yin/ yö	ང་འབྲི་གི་ཡིན།
2. du schreibst	khyerang ti gi re	ཁྱེད་རང་འབྲི་གི་རེད།
3. er/ sie schreibt	khong ti gi re/ dug	ཁོང་འབྲི་གི་རེད། ཁོང་འབྲི་གི་འདུག
plural		
1. wir schreiben	ngatsho ti gi yin/ yö	ང་ཚོ་འབྲི་གི་ཡིན།
2. ihr schreibt	khyerangtsho ti gi re	ཁྱེད་རང་ཚོ་འབྲི་གི་རེད།
3. sie schreiben	khongtsho ti gi re	ཁོང་ཚོ་འབྲི་གི་རེད།

28.2.2 Imperfekt

singular		
1. ich schrieb	nga ti pa yin	ང་བྲིས་པ་ཡིན།
2. du schriebst	khyerang ti pa re	ཁྱེད་རང་བྲིས་པ་རེད།
3. er/ sie schrieb	khong ti pa re	ཁོང་བྲིས་པ་རེད།
plural		
1. wir schrieben	ngatsho ti pa yin	ང་ཚོ་བྲིས་པ་ཡིན།
2. ihr schriebt	khyerangtsho ti pa re	ཁྱེད་རང་ཚོ་བྲིས་པ་རེད།
3. sie schrieben	khongtsho ti pa re	ཁོང་ཚོ་བྲིས་པ་རེད།

28.2.3 Perfekt

singular		
1. ich habe geschrieben	nga ti pa yin	ང་བྲིས་པ་ཡིན།
2. du hast geschrieben	khyerang ti pa re	ཁྱེད་རང་བྲིས་པ་རེད།
3. er/ sie hat geschrieben	khong ti pa re	ཁོང་བྲིས་པ་རེད།
plural		
1. wir haben geschrieben	ngatsho ti pa yin	ང་ཚོ་བྲིས་པ་ཡིན།
2. ihr habt geschrieben	khyerangtsho ti pa re	ཁྱེད་རང་ཚོ་བྲིས་པ་རེད།
3. sie haben geschrieben	khongtsho ti pa re	ཁོང་ཚོ་བྲིས་པ་རེད།

28.2.4 Futur

singular		
1. ich werde schreiben	khongtsho ti gi yin	ང་འབྲི་གི་ཡིན།
2. du wirst schreiben	khyerang ti gi re	ཁྱེད་རང་འབྲི་གི་རེད།
3. er/ sie wird schreiben	khong ti gi re	ཁོང་འབྲི་གི་རེད།
plural		
1. wir werden schreiben	ngatsho ti gi yin	ང་ཚོ་འབྲི་གི་ཡིན།
2. ihr werdet schreiben	khyerangtsho ti gi re	ཁྱེད་རང་ཚོ་འབྲི་གི་རེད།
3. sie werden schreiben	khongtsho ti gi re	ཁོང་ཚོ་འབྲི་གི་རེད།

28.3 Verb: gehen

28.3.1 Präsens

singular		
1. ich gehe	nga dro gi yin	ང་འགྲོ་གི་ཡིན།
2. du gehst	khyerang dro gi re	ཁྱེདརང་འགྲོ་གི་རེད།
3. er/ sie geht	khong dro gi re/ dug	ཁོང་འགྲོ་གི་རེད།ཁོང་འགྲོ་གི་འདུག
plural		
1. wir gehen	ngatsho dro gi yin	ང་ཚོ་འགྲོ་གི་ཡིན།
2. ihr geht	khyerangtsho dro gi re	ཁྱེད་རང་ཚོ་འགྲོ་གི་རེད།
3. sie gehen	khongtsho dro gi re	ཁོང་ཚོ་འགྲོ་གི་རེད།

28.3.2 Imperfekt

singular		
1. ich ging	nga chin pa yin	ང་ཕྱིན་པ་ཡིན།
2. du gingst	khyerang chin pa re	ཁྱེད་རང་ཕྱིན་པ་རེད།
3. er /sie ging	khong chin pa re/ chin song	ཁོང་ཕྱིན་པ་རེད།
plural		
1. wir gingen	ngatsho chin pa yin	ང་ཚོ་ཕྱིན་པ་ཡིན།
2. ihr gingt	khyerangtsho chin pa re	ཁྱེད་རང་ཚོ་ཕྱིན་པ་རེད།
3. sie gingen	khongtsho chin pa re/ chin song	ཁོང་ཚོ་ཕྱིན་པ་རེད།

28.3.3 Perfekt

singular		
1. ich bin gegangen	nga chin pa yin	ང་ཕྱིན་པ་ཡིན།
2. du bist gegangen	khyerang chin pa re	ཁྱེད་རང་ཕྱིན་པ་རེད།
3. er/ sie ist gegangen	khong chin pa re/ chin song	ཁོང་ཕྱིན་པ་རེད།
plural		
1. wir sind gegangen	ngatsho chin pa yin	ང་ཚོ་ཕྱིན་པ་ཡིན།
2. ihr seid gegangen	khyerangtsho chin pa re	ཁྱེད་རང་ཚོ་ཕྱིན་པ་རེད།
3. sie sind gegangen	khongtsho chin pa re/ chin song	ཁོང་ཚོ་ཕྱིན་པ་རེད།

28.3.4 Futur

singular		
1. ich werde gehen	nga dro gi yin	ང་འགྲོ་གི་ཡིན།
2. du wirst gehen	khyerang dro gi re	ཁྱེད་རང་འགྲོ་གི་རེད།
3. er/ sie wird gehen	khong dro gi re	ཁོང་འགྲོ་གི་རེད།
plural		
1. wir werden gehen	ngatsho dro gi yin	ང་ཚོ་འགྲོ་གི་ཡིན།
2. ihr werdet gehen	khyerangtsho dro gi re	ཁྱེད་རང་ཚོ་འགྲོ་གི་རེད།
3. sie werden gehen	khongtsho dro gi re	ཁོང་ཚོ་འགྲོ་གི་རེད།

29. Das Objekt und die Frage nach dem Objekt

29.1 Phrase: mit Nyima sprechen

29.1.1 **Präsens**

singular

1. Ich spreche mit Nyima.	(nga) nyima nyamdu kecha she gi yin/ yö ང་ཉི་མ་མཉམ་དུ་སྐད་ཆ་གཤོད་ཀྱི་ཡིན།
2. Du sprichst mit Nyima.	(khyerang) nyima nyamdu kecha she gi re ཁྱེད་རང་ཉི་མ་མཉམ་དུ་སྐད་ཆ་གཤོད་ཀྱི་རེད།
3. Er/ Sie spricht mit Nyima.	(khong) nyima nyamdu kecha she gi re ཁོང་ཉི་མ་མཉམ་དུ་སྐད་ཆ་གཤོད་ཀྱི་རེད།

plural

1. Wir sprechen mit Nyima.	(ngatsho) nyima nyamdu kecha she gi yin/ yö ང་ཚོ་ཉིམ་མཉམ་དུ་སྐད་ཆ་གཤོད་ཀྱི་ཡིན།
2. Ihr sprecht mit Nyima.	(khyerangtsho) nyima nyamdu kecha she gi re ཁྱེད་རང་ཚོ་ཉི་མ་མཉམ་དུ་སྐད་ཆ་གཤོད་ཀྱི་རེད།
3. Sie sprechen mit Nyima.	(khongtsho) nyima nyamdu kecha she gi re ཁོང་ཚོ་ཉི་མ་མཉམ་དུ་སྐད་ཆ་གཤོད་ཀྱི་རེད།

29.1.2 Imperfekt

singular

1. Ich sprach mit Nyima.	(nga) nyima nyamdu kecha she pa yin ང་ཉི་མ་མཉམ་དུ་སྐད་ཆ་བཤད་པ་ཡིན།
2. Du sprachst mit Nyima.	(khyerang) nyima nyamdu kecha she pa re ཁྱེད་རང་ཉི་མ་མཉམ་དུ་སྐད་ཆ་བཤད་པ་རེད།
3. Er/ Sie sprach mit Nyima.	(khong) nyima nyamdu kecha she pa re ཁོང་ཉི་མ་མཉམ་དུ་སྐད་ཆ་བཤད་པ་རེད།

plural

1. Wir sprachen mit Nyima.	(ngatsho) nyima nyamdu kecha she pa yin ང་ཚོ་ཉི་མ་མཉམ་དུ་སྐད་ཆ་བཤད་པ་ཡིན།
2. Ihr spracht mit Nyima.	(khyerangtsho) nyima nyamdu kecha she pa re ཁྱེད་རང་ཚོ་ཉི་མ་མཉམ་དུ་སྐད་ཆ་བཤད་པ་རེད།
3. Sie sprachen mit Nyima.	(khongtsho) nyima nyamdu kecha she pa re ཁོང་ཚོ་ཉི་མ་མཉམ་དུ་སྐད་ཆ་བཤད་པ་རེད།

29.1.3 Perfekt

singular

1. Ich habe mit Nyima gesprochen.	(nga) nyima nyamdu kecha she pa yin ང་ཉི་མ་མཉམ་དུ་སྐད་ཆ་བཤད་པ་ཡིན།
2. Du hast mit Nyima gesprochen.	(khyerang) nyima nyamdu kecha she pa re ཁྱེད་རང་ཉི་མ་མཉམ་དུ་སྐད་ཆ་བཤད་པ་རེད།
3. Er/ Sie hat mit Nyima gesprochen.	(khong) nyima nyamdu kecha she pa re ཁོང་ཉི་མ་མཉམ་དུ་སྐད་ཆ་བཤད་པ་རེད།

plural

1. Wir haben mit Nyima gesprochen.	(ngatsho) nyima nyamdu kecha she pa yin ང་ཚོ་ཉི་མ་མཉམ་དུ་སྐད་ཆ་བཤད་པ་ཡིན།
2. Ihr habt mit Nyima gesprochen.	(khyerangtsho) nyima nyamdu kecha she pa re ཁྱེད་རང་ཚོ་ཉི་མ་མཉམ་དུ་སྐད་ཆ་བཤད་པ་རེད།
3. Sie haben mit Nyima gesprochen.	(khongtsho) nyima nyamdu kecha she pa re ཁོང་ཚོ་ཉི་མ་མཉམ་དུ་སྐད་ཆ་བཤད་པ་རེད།

29.1.4 Futur

singular

1. Ich werde mit Nyima sprechen.	(nga) nyima nyamdu kecha she gi yin ང་ཉི་མ་མཉམ་དུ་སྐད་ཆ་བཤད་ཀྱི་ཡིན།
2. Du wirst mit Nyima sprechen.	(khyerang) nyima nyamdu kecha she gi re ཁྱེད་རང་ཉི་མ་མཉམ་དུ་སྐད་ཆ་བཤད་ཀྱི་རེད།
3. Er/ Sie wird mit Nyima sprechen.	(khong) nyima nyamdu kecha she gi re ཁོང་ཉི་མ་མཉམ་དུ་སྐད་ཆ་བཤད་ཀྱི་རེད།

plural

1. Wir werden mit Nyima sprechen.	(ngatsho) nyima nyamdu kecha she gi yin ང་ཚོ་ཉི་མ་མཉམ་དུ་སྐད་ཆ་བཤད་ཀྱི་ཡིན།
2. Ihr werdet mit Nyima sprechen.	(khyerangtsho) nyima nyamdu kecha she gi re ཁྱེད་རང་ཚོ་ཉི་མ་མཉམ་དུ་སྐད་ཆ་བཤད་ཀྱི་རེད།
3. Sie werden mit Nyima sprechen.	(khongtsho) nyima nyamdu kecha she gi re ཁོང་ཚོ་ཉི་མ་མཉམ་དུ་སྐད་ཆ་བཤད་ཀྱི་རེད།

29.2 Phrase: einen Brief schreiben

29.2.1 Präsens

singular

1. Was schreibe ich?	(nga) gare ti gi yö ང་ག་རེ་འབྲི་གི་ཡོད།
Ich schreibe einen Brief.	(nga) yige ti gi yö ང་ཡི་གེ་འབྲི་གི་ཡོད།
2. Was schreibst du?	(khyerang) gare ti gi yin ཁྱེད་རང་ག་རེ་འབྲི་གི་ཡིན།
Du schreibst einen Brief.	(khyerang) yige ti gi re ཁྱེད་རང་ཡི་གེ་འབྲི་གི་རེད།
3. Was schreibt er/ sie?	(khong) gare ti gi dug ཁོང་ག་རེ་འབྲི་གི་འདུག
Er/ Sie schreibt einen Brief.	(khong) yige ti gi dug ཁོང་ཡི་གེ་འབྲི་གི་འདུག

plural

1. Was schreiben wir?	(ngatsho) gare ti gi yö ང་ཚོ་ག་རེ་འབྲི་གི་ཡོད།
Wir schreiben einen Brief.	(ngatsho) yige ti gi yö ང་ཚོ་ཡི་གེ་འབྲི་གི་ཡོད།
2. Was schreibt ihr?	(khyerangtsho) gare ti gi yö ཁྱེད་རང་ཚོ་ག་རེ་འབྲི་གི་ཡིན།
Ihr schreibt einen Brief.	(khyerangtsho) yige ti gi yin ཁེད་རང་ཚོ་ཡི་གེ་འབྲི་གི་རེད།
3. Was schreiben sie?	(khongtsho) gare ti gi re ཁོང་ཚོ་ག་རེ་འབྲི་གི་རེད།
Sie schreiben einen Brief.	(khongtsho) yige ti gi re ཁོང་ཚོ་ཡི་གེ་འབྲི་གི་རེད།

29.2.2 Imperfekt

singular

1. Was schrieb ich?	(nga) gare ti pa yin ང་ག་རེ་བྲིས་པ་ཡིན།
Ich schrieb einen Brief.	(nga) yige ti pa yin ང་ཡི་གེ་བྲིས་པ་ཡིན།
2. Was schriebst du?	(khyerang) gare ti pa yin ཁྱེད་རང་ག་རེ་བྲིས་པ་ཡིན།
Du schriebst einen Brief.	(khyerang) yige ti pa re ཁྱེད་རང་ཡི་གེ་བྲིས་པ་རེད།
3. Was schrieb er?	(khong) gare ti song ཁོང་ག་རེ་བྲིས་སོང་།
Er/ Sie schrieb einen Brief.	(khong) yige ti song ཁོང་ཡི་གེ་བྲིས་སོང་།

plural

1. Was schrieben wir?	(ngatsho) gare ti pa yin ང་ཚོ་ག་རེ་བྲིས་པ་ཡིན།
Wir schrieben einen Brief.	(ngatsho) yige ti pa yin ང་ཚོ་ཡི་གེ་བྲིས་པ་ཡིན།
2. Was schriebt ihr?	(khyerangtsho) gare ti pa yin ཁྱེད་རང་ཚོ་ག་རེ་བྲིས་པ་ཡིན།
Ihr schriebt einen Brief.	(khyerangtsho) yige ti pa re ཁྱེད་རང་ཚོ་ཡི་གེ་བྲིས་པ་རེད།
3. Was schrieben sie?	(khongtsho) gare ti song ཁོང་ཚོ་ག་རེ་བྲིས་སོང་།
Sie schrieben einen Brief.	(khongtsho) yige ti song ཁོང་ཚོ་ཡི་གེ་བྲིས་སོང་།

29.2.3 Perfekt

singular

1. Was habe ich geschrieben? — (nga) gare ti pa yin
ང་ག་རེ་བྲིས་པ་ཡིན།

Ich habe einen Brief geschrieben. — (nga) yige ti pa yin
ང་ཡི་གེ་བྲིས་པ་ཡིན།

2. Was hast du geschrieben? — (khyerang) gare ti pa yin
ཁྱེད་རང་ག་རེ་བྲིས་པ་ཡིན།

Du hast einen Brief geschrieben. — (khyerang) yige ti pa re
ཁྱེད་རང་ཡི་གེ་བྲིས་པ་རེད།

3. Was hat er/ sie geschrieben? — (khong) gare ti song
ཁོང་ག་རེ་བྲིས་སོང་།

Er/ Sie hat einen Brief geschrieben. — (khong) yige ti song
ཁོང་ཡི་གེ་བྲིས་སོང་།

plural

1. Was haben wir geschrieben? — (ngatsho) gare ti pa yin
ང་ཚོ་ག་རེ་བྲིས་པ་ཡིན།

Wir haben einen Brief geschrieben. — (ngatsho) yige ti pa yin
ང་ཚོ་ཡི་གེ་བྲིས་པ་ཡིན།

2. Was habt ihr geschrieben? — (khyerangtsho) gare ti pa yin
ཁྱེད་རང་ཚོ་ག་རེ་བྲིས་པ་ཡིན།

Ihr habt einen Brief geschrieben. — (khyerangtsho) yige ti pa re
ཁྱེད་རང་ཚོ་ཡི་གེ་བྲིས་པ་རེད།

3. Was haben sie geschrieben? — (khongtsho) gare ti song
ཁོང་ཚོ་ག་རེ་བྲིས་སོང་།

Sie haben einen Brief geschrieben. — (khongtsho) yige ti song
ཁོང་ཚོ་ཡི་གེ་བྲིས་སོང་།

29.2.4 Futur

singular

1. Was werde ich schreiben?

(nga) gare ti gi yin
ང་ག་རེ་འབྲི་གི་ཡིན།

Ich werde einen Brief schreiben.

(nga) yige ti gi yin
ང་ཡི་གེ་འབྲི་གི་ཡིན།

2. Was wirst du schreiben?

(khyerang) gare ti gi yin
ཁྱེད་རང་ག་རེ་འབྲི་གི་ཡིན།

Du wirst einen Brief schreiben.

(khyerang) yige ti gi re
ཁྱེད་རང་ཡི་གེ་འབྲི་གི་རེད།

3. Was wird er/ sie schreiben?

(khong) gare ti gi re
ཁོང་ག་རེ་འབྲི་གི་རེད།

Er/ Sie wird einen Brief schreiben.

(khong) yige ti gi re
ཁོང་ཡི་གེ་འབྲི་གི་རེད།

plural

1. Was werden wir schreiben?

(ngatsho) gare ti gi yin
ང་ཚོ་ག་རེ་འབྲི་གི་ཡིན།

Wir werden einen Brief schreiben.

(ngatsho) yige ti gi yin
ང་ཚོ་ཡི་གེ་འབྲི་གི་ཡིན།

2. Was werdet ihr schreiben?

(khyerangtsho) gare ti gi yin
ཁྱེད་རང་ཚོ་ག་རེ་འབྲི་གི་ཡིན།

Ihr werdet einen Brief schreiben.

(khyerangtsho) yige ti gi re
ཁྱེད་རང་ཚོ་ཡི་གེ་འབྲི་གི་རེད།

3. Was werden sie schreiben?

(khongtsho) gare ti gi re
ཁོང་ཚོ་ག་རེ་འབྲི་གི་རེད།

Sie werden einen Brief schreiben.

(khongtsho) yige ti gi re
ཁོང་ཚོ་ཡི་གེ་འབྲི་གི་རེད།

29.3 Phrase: nach Hause gehen
29.3.1 Präsens

singular

1. Wohin gehe ich? — (nga) gapar dro gi yin
ང་ག་པར་འགྲོ་གི་ཡིན།

Ich gehe nach Hause. — (nga) nangla dro gi yin
ང་ནང་ལ་འགྲོ་གི་ཡིན།

2. Wohin gehst du? — (khyerang) gapar dro gi yin
ཁྱེད་རང་ག་པར་འགྲོ་གི་ཡིན།

Du gehst nach Hause. — (khyerang) nangla dro gi re
ཁྱེད་རང་ནང་ལ་འགྲོ་གི་རེད།

3. Wohin geht er/ sie? — (khong) gapar dro gi re
ཁོང་ག་པར་འགྲོ་གི་རེད།

Er/ Sie geht nach Hause. — (khong) nangla dro gi re
ཁོང་ནང་ལ་འགྲོ་གི་རེད།

plural

1. Wohin gehen wir? — (ngatsho) gapar dro gi yin
ང་ཚོ་ག་པར་འགྲོ་གི་ཡིན།

Wir gehen nach Hause. — (ngatsho) nangla dro gi yin
ང་ཚོ་ནང་ལ་འགྲོ་གི་ཡིན།

2. Wohin geht ihr? — (khyerangtsho) gapar dro gi yin
ཁྱེད་རང་ཚོ་ག་པར་འགྲོ་གི་ཡིན།

Ihr geht nach Hause. — (khyerangtsho) nangla dro gi re
ཁྱེད་རང་ཚོ་ནང་ལ་འགྲོ་གི་རེད།

3. Wohin gehen sie? — (khongtsho) gapar dro gi re
ཁོང་ཚོ་ག་པར་འགྲོ་གི་རེད།

Sie gehen nach Hause. — (khongtsho) nangla dro gi re
ཁོང་ཚོ་ནང་ལ་འགྲོ་གི་རེད།

29.3.2 Imperfekt

singular

1. Wohin ging ich? — (nga) gapar chin pa yin
ང་ག་པར་ཕྱིན་པ་ཡིན།

Ich ging nach Hause. — (nga) nangla chin pa yin
ང་ནང་ལ་ཕྱིན་པ་ཡིན།

2. Wohin gingst du? — (khyerang) gapar chin pa yin
ཁྱེད་རང་ག་པར་ཕྱིན་པ་ཡིན།

Du gingst nach Hause. — (khyerang) nangla chin pa re
ཁྱེད་རང་ནང་ལ་ཕྱིན་པ་རེད།

3. Wohin ging er/ sie? — (khong) gapar chin pa re
ཁོང་ག་པར་ཕྱིན་པ་རེད།

Er/ Sie ging nach Hause. — (khong) nangla chin pa re
ཁོང་ནང་ལ་ཕྱིན་པ་རེད།

plural

1. Wohin gingen wir? — (ngatsho) gapar chin pa yin
ང་ཚོ་ག་པར་ཕྱིན་པ་ཡིན།

Wir gingen nach Hause. — (ngatsho) nangla chin pa yin
ང་ཚོ་ནང་ལ་ཕྱིན་པ་ཡིན།

2. Wohin gingt ihr? — (khyerangtsho) gapar chin pa yin
ཁྱེད་རང་ཚོ་ག་པར་ཕྱིན་པ་ཡིན།

Ihr gingt nach Hause. — (khyerangtsho) nangla chin pa re
ཁྱེད་རང་ཚོ་ནང་ལ་ཕྱིན་པ་རེད།

3. Wohin gingen sie? — (khongtsho) gapar chin pa re
ཁོང་ཚོ་ག་པར་ཕྱིན་པ་རེད།

Sie gingen nach Hause. — (khongtsho) nangla chin pa re
ཁོང་ཚོ་ནང་ལ་ཕྱིན་པ་རེད།

29.3.3 Perfekt

singular

1. Wohin bin ich gegangen?	(nga) gapar chin pa yin ང་ག་པར་ཕྱིན་པ་ཡིན།
Ich bin nach Hause gegangen.	(nga) nangla chin pa yin ང་ནང་ལ་ཕིན་པ་ཡིན།
2. Wohin bist du gegangen?	(khyerang) gapar chin pa yin ཁྱེད་རང་ག་པར་ཕྱིན་པ་ཡིན།
Du bist nach Hause gegangen.	(khyerang) nangla chin pa re ཁྱེད་རང་ནང་ལ་ཕིན་པ་རེད།
3. Wohin ist er gegangen?	(khong) gapar chin pa re ཁོང་ག་པར་ཕྱིན་པ་རེད།
Er/ Sie ist nach Hause gegangen.	(khong) nangla chin pa re ཁོང་ནང་ལ་ཕིན་པ་རེད།

plural

1. Wohin sind wir gegangen?	(ngatsho) gapar chin pa yin ང་ཚོ་ག་པར་ཕྱིན་པ་ཡིན།
Wir sind nach Hause gegangen.	(ngatsho) nangla chin pa yin ང་ཚོ་ནང་ལ་ཕིན་པ་ཡིན།
2. Wohin seid ihr gegangen?	(khyerangtsho) gapar chin pa yin ཁྱེད་རང་ཚོ་ག་པར་ཕྱིན་པ་ཡིན།
Ihr seid nach Hause gegangen.	(khyerangtsho) nangla chin pa re ཁྱེད་རང་ཚོ་ནང་ལ་ཕིན་པ་རེད།
3. Wohin sind sie gegangen?	(khongtsho) gapar chin pa re ཁོང་ཚོ་ག་པར་ཕྱིན་པ་རེད།
Sie sind nach Hause gegangen.	(khongtsho) nangla chin pa re ཁོང་ཚོ་ནང་ལ་ཕྱིན་པ་རེད།

29.3.4 Futur

singular

1. Wohin werde ich gehen? (nga) gapar dro gi yin
ང་ག་པར་འགྲོ་གི་ཡིན།

Ich werde nach Hause gehen. (nga) nangla dro gi yin
ང་ནང་ལ་འགྲོ་གི་ཡིན།

2. Wohin wirst du gehen? (khyerang) gapar dro gi yin
ཁྱེད་རང་ག་པར་འགྲོ་གི་ཡིན།

Du wirst nach Hause gehen. (khyerang) nangla dro gi re
ཁྱེད་རང་ནང་ལ་འགྲོ་གི་རེད།

3. Wohin wird er/sie gehen? (khong) gapar dro gi re
ཁོང་ག་པར་འགྲོ་གི་རེད།

Er/ Sie wird nach Hause gehen. (khong) nangla dro gi re
ཁོང་ནང་ལ་འགྲོ་གི་རེད།

plural

1. Wohin werden wir gehen? (ngatsho) gapar dro gi yin
ང་ཚོ་ག་པར་འགྲོ་གི་ཡིན།

Wir werden nach Hause gehen. (ngatsho) nangla dro gi yin
ང་ཚོ་ནང་ལ་འགྲོ་གི་ཡིན།

2. Wohin werdet ihr gehen? (khyerangtsho) gapar dro gi yin
ཁྱེད་རང་ཚོ་ག་པར་འགྲོ་གི་ཡིན།

Ihr werdet nach Hause gehen. (khyerangtsho) nangla dro gi re
ཁྱེད་རང་ཚོ་ནང་ལ་འགྲོ་གི་རེད།

3. Wohin werden sie gehen? (khongtsho) gapar dro gi re
ཁོང་ཚོ་ག་པར་འགྲོ་གི་རེད།

Sie werden nach Hause gehen. (khongtsho) nangla dro gi re
ཁོང་ཚོ་ནང་ལ་འགྲོ་གི་རེད།

30. Negation

30.1 Negation des Verbs: nicht sprechen

30.1.1 Präsens

singular

1. Ich spreche **nicht**. (nga) kecha she gi min/ me
ང་སྐད་ཆ་གཤོད་ཀྱི་མིན།

2. Du sprichst **nicht**. (khyerang) kecha she gi ma re
ཁྱེད་རང་སྐད་ཆ་གཤོད་ཀྱི་མ་རེད།

3. Er/ Sie spricht **nicht**. (khong) kecha she gi ma re/ min dug
ཁོང་སྐད་ཆ་གཤོད་ཀྱི་མ་རེད།

plural

1. Wir sprechen **nicht**. (ngatsho) kecha she gi min/ me
ང་ཚོ་སྐད་ཆ་གཤོད་ཀྱི་མིན།

2. Ihr sprecht **nicht**. (khyerangtsho) kecha she gi ma re
ཁྱེད་རང་ཚོ་སྐད་ཆ་གཤོད་ཀྱི་མ་རེད།

3. Sie sprechen **nicht**. (khongtsho) kecha she gi ma re
ཁོང་ཚོ་སྐད་ཆ་གཤོད་ཀྱི་མ་རེད།

30.1.2 Imperfekt

singular

1. Ich sprach **nicht**. (nga) kecha she pa min
ང་སྐད་ཆ་བཤད་པ་མིན།

2. Du sprachst **nicht**. (khyerang) kecha she pa ma re
ཁྱེད་རང་སྐད་ཆ་བཤད་པ་མ་རེད།

3. Er/ Sie sprach **nicht**. (khong) kecha she pa ma re
ཁོང་སྐད་ཆ་བཤད་པ་མ་རེད།

plural

1. Wir sprachen **nicht**. (ngatsho) kecha she pa min
ང་ཚོ་སྐད་ཆ་བཤད་པ་མིན།

2. Ihr spracht **nicht**. (khyerangtsho) kecha she pa ma re
ཁྱེད་རང་ཚོ་སྐད་ཆ་བཤད་པ་མ་རེད།

3. Sie sprachen **nicht**. (khongtsho) kecha she pa ma re
ཁོང་ཚོ་སྐད་ཆ་བཤད་པ་མ་རེད།

30.1.3 Perfekt

singular

1. Ich habe **nicht** gesprochen.
(nga) kecha shepa min
ང་སྐད་ཆ་བཤད་པ་མིན།

2. Du hast **nicht** gesprochen.
(khyerang) kecha shepa ma re
ཁྱེད་རང་སྐད་ཆ་བཤད་པ་མ་རེད།

3. Er/ Sie hat **nicht** gesprochen.
(khong) kecha shepa ma re
ཁོང་སྐད་ཆ་བཤད་པ་མ་རེད།

plural

1. Wir haben **nicht** gesprochen.
(ngatsho) kecha shepa min
ང་ཚོ་སྐད་ཆ་བཤད་པ་མིན།

2. Ihr habt **nicht** gesprochen.
(khyerangtsho) kecha she pa ma re
ཁྱེད་རང་ཚོ་སྐད་ཆ་བཤད་པ་མ་རེད།

3. Sie haben **nicht** gesprochen.
(khongtsho) kecha she pa ma re
ཁོང་ཚོ་སྐད་ཆ་བཤད་པ་མ་རེད།

30.1.4 Futur

singular

1. Ich werde **nicht** sprechen.
(nga) kecha she gi min
ང་སྐད་ཆ་བཤད་ཀྱི་མིན།

2. Du wirst **nicht** sprechen.
(khyerang) kecha she gi ma re
ཁྱེད་རང་སྐད་ཆ་བཤད་ཀྱི་མ་རེད།

3. Er/ Sie wird **nicht** sprechen.
(khong) kecha she gi ma re
ཁོང་སྐད་ཆ་བཤད་ཀྱི་མ་རེད།

plural

1. Wir werden **nicht** sprechen.
(ngatsho) kecha she gi min
ང་ཚོ་སྐད་ཆ་བཤད་ཀྱི་མིན།

2. Ihr werdet **nicht** sprechen.
(khyerangtsho) kecha she gi ma re
ཁྱེད་རང་ཚོ་སྐད་ཆ་བཤད་ཀྱི་མ་རེད།

3. Sie werden **nicht** sprechen.
(khongtsho) kecha she gi ma re
ཁོང་ཚོ་སྐད་ཆ་བཤད་ཀྱི་མ་རེད།

30.2 Negation des Verbs: nicht schreiben

30.2.1 Präsens

singular

1. Ich schreibe **nicht**.	(nga) ti gi min/ me ང་འབྲི་གི་མིན།
2. Du schreibst **nicht**.	(khyerang) ti gi ma re ཁྱེད་རང་འབྲི་གི་མ་རེད།
3. Er/ Sie schreibt **nicht**.	(khong) ti gi ma re/ min dug ཁོང་འབྲི་གི་མ་རེད།

plural

1. Wir schreiben **nicht**.	(ngatsho) ti gi min/ me ང་ཚོ་འབྲི་གི་མིན།
2. Ihr schreibt **nicht**.	(khyerangtsho) ti gi ma re ཁྱེད་རང་ཚོ་འབྲི་གི་མ་རེད།
3. Sie schreiben **nicht**.	(khongtsho) ti gi ma re ཁོང་ཚོ་འབྲི་གི་མ་རེད།

30.2.2 Imperfekt

singular

1. Ich schrieb **nicht**.	(nga) ti pa min ང་བྲིས་པ་མིན།
2. Du schriebst **nicht**.	(khyerang) ti pa ma re ཁྱེད་རང་བྲིས་པ་མ་རེད།
3. Er/ Sie schrieb **nicht**.	(khong) ti pa ma re ཁོང་བྲིས་པ་མ་རེད།

plural

1. Wir schrieben **nicht**.	(ngatsho) ti pa min ང་ཚོ་བྲིས་པ་མིན།
2. Ihr schriebt **nicht**.	(khyerangtsho) ti pa ma re ཁྱེད་རང་ཚོ་བྲིས་པ་མ་རེད།
3. Sie schrieben **nicht**.	(khongtsho) ti pa ma re ཁོང་ཚོ་བྲིས་པ་མ་རེད།

30.2.3 Perfekt

singular

1. Ich habe **nicht** geschrieben. (nga) ti pa min
ང་བྲིས་པ་མིན།

2. Du hast **nicht** geschrieben. (khyerang) ti pa ma re
ཁྱེད་རང་བྲིས་པ་མ་རེད།

3. Er/ Sie hat **nicht** geschrieben. (khong) ti pa ma re
ཁོང་བྲིས་པ་མ་རེད།

plural

1. Wir haben **nicht** geschrieben. (ngatsho) ti pa min
ང་ཚོ་བྲིས་པ་མིན།

2. Ihr habt **nicht** geschrieben. (khyerangtsho) ti pa ma re
ཁྱེད་རང་ཚོ་བྲིས་པ་མ་རེད།

3. Sie haben **nicht** geschrieben. (khongtsho) ti pa ma re
ཁོང་ཚོ་བྲིས་པ་མ་རེད།

30.2.4 Futur

singular

1. Ich werde **nicht** schreiben. (nga) ti gi min
ང་འབྲི་གི་མིན།

2. Du wirst **nicht** schreiben. (khyerang) ti gi ma re
ཁྱེད་རང་འབྲི་གི་མ་རེད།

3. Er/ Sie wird **nicht** schreiben. (khong) ti gi ma re
ཁོང་འབྲི་གི་མ་རེད།

plural

1. Wir werden **nicht** schreiben. (ngatsho) ti gi min
ང་ཚོ་འབྲི་གི་མིན།

2. Ihr werdet **nicht** schreiben. (khyerangtsho) ti gi ma re
ཁྱེད་རང་ཚོ་འབྲི་གི་མ་རེད།

3. Sie werden **nicht** schreiben. (khongtsho) ti gi ma re
ཁོང་ཚོ་འབྲི་གི་མ་རེད།

30.3 Negation des Verbs: nicht gehen

30.3.1 Präsens

singular

1. Ich gehe **nicht.**	(nga) dro gi min ང་འགྲོ་གི་མིན།
2. Du gehst **nicht.**	(khyerang) dro gi ma re ཁྱེད་རང་འགྲོ་གི་མ་རེད།
3. Er/ Sie geht **nicht.**	(khong) dro gi ma re/ min dug ཁོང་འགྲོ་གི་མ་རེད།

plural

1. Wir gehen **nicht.**	(ngatsho) dro gi min ང་ཚོ་འགྲོ་གི་མིན།
2. Ihr geht **nicht.**	(khyerangtsho) dro gi ma re ཁྱེད་རང་ཚོ་འགྲོ་གི་མ་རེད།
3. Sie gehen **nicht.**	(khongtsho) dro gi ma re ཁོང་ཚོ་འགྲོ་གི་མ་རེད།

30.3.2 Imperfekt

singular

1. Ich ging **nicht.**	(nga) chin pa min ང་ཕྱིན་པ་མིན།
2. Du gingst **nicht.**	(khyerang) chin pa ma re ཁྱེད་རང་ཕྱིན་པ་མ་རེད།
3. Er/ Sie ging **nicht.**	(khong) chin pa ma re/ chin ma song ཁོང་ཕྱིན་པ་མ་རེད།

plural

1. Wir gingen **nicht.**	(ngatsho) chin pa min ང་ཚོ་ཕྱིན་པ་མིན།
2. Ihr gingt **nicht.**	(khyerangtsho) chin pa ma re ཁྱེད་རང་ཚོ་ཕྱིན་པ་མ་རེད།
3. Sie gingen **nicht.**	(khongtsho) chin pa ma re/ chin ma song ཁོང་ཚོ་ཕྱིན་པ་མ་རེད།

30.3.3 Perfekt

singular

1. Ich bin **nicht** gegangen.	(nga) chin pa min ང་ཕྱིན་པ་མིན།
2. Du bist **nicht** gegangen.	(khyerang) chin pa ma re ཁྱེད་རང་ཕྱིན་པ་མ་རེད།
3. Er/ Sie ist **nicht** gegangen.	(khong) chin pa ma re/ chin ma song ཁོང་ཕྱིན་པ་མ་རེད།

plural

1. Wir sind **nicht** gegangen.	(ngatsho) chin pa min ང་ཚོ་ཕྱིན་པ་མིན།
2. Ihr seid **nicht** gegangen.	(khyerangtsho) chin pa ma re ཁྱེད་རང་ཚོ་ཕྱིན་པ་མ་རེད།
3. Sie sind **nicht** gegangen.	(khongtsho) chin pa ma re/ chin ma song ཁོང་ཚོ་ཕྱིན་པ་མ་རེད།

30.3.4 Futur

singular

1. Ich werde **nicht** gehen.	(nga) dro gi min ང་འགྲོ་གི་མིན།
2. Du wirst **nicht** gehen.	(khyerang) dro gi ma re ཁྱེད་རང་འགྲོ་གི་མ་རེད།
3. Er/Sie wird **nicht** gehen.	(khong) dro gi ma re ཁོང་འགྲོ་གི་མ་རེད།

plural

1. Wir werden **nicht** gehen.	(ngatsho) dro gi min ང་ཚོ་འགྲོ་གི་མིན།
2. Ihr werdet **nicht** gehen.	(khyerangtsho) dro gi ma re ཁྱེད་རང་ཚོ་འགྲོ་གི་མ་རེད།
3. Sie werden **nicht** gehen.	(khongtsho) dro gi ma re ཁོང་ཚོ་འགྲོ་གི་མ་རེད།

31. Das Objekt und die Frage nach dem Objekt in Negation

31.1 Negation mit einem Objekt: nicht mit Nyima sprechen

31.1.1 Präsens

singular

1. Ich spreche **nicht** mit Nyima.	(nga) nyima nyamdu kecha she gi min/ me ང་ཉི་མ་མཉམ་དུ་སྐད་ཆ་གཤོད་ཀྱི་མིན།
2. Du sprichst **nicht** mit Nyima.	(khyerang) nyima nyamdu kecha she gi ma re ཁྱེད་རང་ཉི་མ་མཉམ་དུ་སྐད་ཆ་གཤོད་ཀྱི་མ་རེད།
3. Er/ Sie spricht **nicht** mit Nyima.	(khong) nyima nyamdu kecha she gi ma re ཁོང་ཉི་མ་མཉམ་དུ་སྐད་ཆ་གཤོད་ཀྱི་མ་རེད།

plural

1. Wir sprechen **nicht** mit Nyima.	(ngatsho) nyima nyamdu kecha she gi min/ me ང་ཚོ་ཉི་མ་མཉམ་དུ་སྐད་ཆ་གཤོད་ཀྱི་མིན།
2. Ihr sprecht **nicht** mit Nyima.	khyerangtsho nyima nyamdu kecha she gi ma re ཁྱེད་རང་ཚོ་ཉི་མ་མཉམ་དུ་སྐད་ཆ་གཤོད་ཀྱི་མ་རེད།
3. Sie sprechen **nicht** mit Nyima.	(khongtsho) nyima nyamdu kecha she gi ma re ཁོང་ཚོ་ཉི་མ་མཉམ་དུ་སྐད་ཆ་གཤོད་ཀྱི་མ་རེད།

31.1.2 Imperfekt

singular

1. Ich sprach **nicht** mit Nyima.	(nga) nyima nyamdu kecha she pa min ང་ཉི་མ་མཉམ་དུ་སྐད་ཆ་བཤད་པ་མིན།
2. Du sprachst **nicht** mit Nyima.	(khyerang) nyima nyamdu kecha she pa ma re ཁྱེད་རང་ཉི་མ་མཉམ་དུ་སྐད་ཆ་བཤད་པ་མ་རེད།
3. Er/ Sie sprach **nicht** mit Nyima.	(khong) nyima nyamdu kecha she pa ma re ཁོང་ཉི་མ་མཉམ་དུ་སྐད་ཆ་བཤད་པ་མ་རེད།

plural

1. Wir sprachen **nicht** mit Nyima.	(ngatsho) nyima nyamdu kecha she pa min ང་ཚོ་ཉི་མ་མཉམ་དུ་སྐད་ཆ་བཤད་པ་མིན།
2. Ihr spracht **nicht** mit Nyima.	khyerangtsho nyima nyamdu kecha she pa ma re ཁྱེད་རང་ཚོ་ཉི་མ་མཉམ་དུ་སྐད་ཆ་བཤད་པ་མ་རེད།
3. Sie sprachen **nicht** mit Nyima.	(khongtsho) nyima nyamdu kecha she pa ma re ཁོང་ཚོ་ཉི་མ་མཉམ་དུ་སྐད་ཆ་བཤད་པ་མ་རེད།

31.1.3 Perfekt

singular

1. Ich habe **nicht** mit Nyima gesprochen.	(nga) nyima nyamdu kecha she pa min ང་ཉི་མ་མཉམ་དུ་སྐད་ཆ་བཤད་པ་མིན།
2. Du hast **nicht** mit Nyima gesprochen.	(khyerang) nyima nyamdu kecha she pa ma re ཁྱེད་རང་ཉི་མ་མཉམ་དུ་སྐད་ཆ་བཤད་པ་མ་རེད།
3. Er/ Sie hat **nicht** mit Nyima gesprochen.	(khong) nyima nyamdu kecha she pa ma re ཁོང་ཉི་མ་མཉམ་དུ་སྐད་ཆ་བཤད་པ་མ་རེད།

plural

1. Wir haben **nicht** mit Nyima gesprochen.	(ngatsho) nyima nyamdu kecha she pa min ང་ཚོ་ཉི་མ་མཉམ་དུ་སྐད་ཆ་བཤད་པ་མིན།
2. Ihr habt **nicht** mit Nyima gesprochen.	khyerangtsho nyima nyamdu kecha she pa ma re ཁྱེད་རང་ཚོ་ཉི་མ་མཉམ་དུ་སྐད་ཆ་བཤད་པ་མ་རེད།
3. Sie haben **nicht** mit Nyima gesprochen.	(khongtsho) nyima nyamdu kecha she pa ma re ཁོང་ཚོ་ཉི་མ་མཉམ་དུ་སྐད་ཆ་བཤད་པ་མ་རེད།

31.1.4 Futur

singular

1. Ich werde **nicht** mit Nyima sprechen.	(nga) nyima nyamdu kecha she gi min/ me ང་ཉི་མ་མཉམ་དུ་སྐད་ཆ་བཤད་ཀྱི་མིན།
2. Du wirst **nicht** mit Nyima sprechen.	(khyerang) nyima nyamdu kecha she gi ma re ཁྱེད་རང་ཉི་མ་མཉམ་དུ་སྐད་ཆ་བཤད་ཀྱི་མ་རེད།
3. Er/ Sie wird **nicht** mit Nyima sprechen.	(khong) nyima nyamdu kecha she gi ma re ཁོང་ཉི་མ་མཉམ་དུ་སྐད་ཆ་བཤད་ཀྱི་མ་རེད།

plural

1. Wir werden **nicht** mit Nyima sprechen.	(ngatsho) nyima nyamdu kecha she gi min/ me ང་ཚོ་ཉི་མ་མཉམ་དུ་སྐད་ཆ་བཤད་ཀྱི་མིན།
2. Ihr werdet **nicht** mit Nyima sprechen.	khyerangtsho nyima nyamdu kecha she gi ma re ཁྱེད་རང་ཚོ་ཉི་མ་མཉམ་དུ་སྐད་ཆ་བཤད་ཀྱི་མ་རེད།
3. Sie werden **nicht** mit Nyima sprechen.	(khongtsho) nyima nyamdu kecha she gi ma re ཁོང་ཚོ་ཉི་མ་མཉམ་དུ་སྐད་ཆ་བཤད་ཀྱི་མ་རེད།

31.2 Negation mit einem Objekt: keinen Brief schreiben

31.2.1 **Präsens**

singular

1. Was schreibe ich?	(nga) gare ti gi yö. ང་ག་རེ་འབྲི་གི་ཡོད།
Ich schreibe **keinen** Brief.	(nga) yige ti gi me ང་ཡི་གེ་འབྲི་གི་མེད།
2. Was schreibst du?	(khyerang) gare ti gi yin ཁྱེད་རང་ག་རེ་འབྲི་གི་ཡིན།
Du schreibst **keinen** Brief.	(khyerang) yige ti gi ma re ཁྱེད་རང་ཡི་གེ་འབྲི་གི་མ་རེད།
3. Was schreibt er/sie?	(khong) gare ti gi dug ཁོང་ག་རེ་འབྲི་གི་འདུག
Er/ Sie schreibt **keinen** Brief.	(khong) yige ti gi min dug ཁོང་ཡི་གེ་འབྲི་གི་མི་འདུག

plural

1. Was schreiben wir?	(ngatsho) gare ti gi yö ང་ཚོ་ག་རེ་འགྲི་གི་ཡོད།
Wir schreiben **keinen** Brief.	(ngatsho) yige ti gi me ང་ཚོ་ཡི་གེ་འབྲི་གི་མེད།
2. Was schreibt ihr?	(khyerangtsho) gare ti gi yin ཁྱེད་རང་ཚོ་ག་རེ་འབྲི་གི་ཡིན།
Ihr schreibt **keinen** Brief.	(khyerangtsho) yige ti gi ma re ཁེད་རང་ཚོ་ཡི་གེ་འབྲི་གི་མ་རེད།
3. Was schreiben sie?	(khongtsho) gare ti gi re ཁོང་ཚོ་ག་རེ་འབྲི་གི་རེད།
Sie schreiben **keinen** Brief.	(khongtsho) yige ti gi re ཁོང་ཚོ་ཡི་གེ་འབྲི་གི་མ་རེད།

31.2.2 Imperfekt

singular

1. Was schrieb ich?
(nga) gare ti pa yin
ང་ག་རེ་བྲིས་པ་ཡིན།

Ich schrieb **keinen** Brief.
(nga) yige ti pa min
ང་ཡི་གེ་བྲིས་པ་མིན།

2. Was schriebst du?
(khyerang) gare ti pa yin
ཁྱེད་རང་ག་རེ་བྲིས་པ་ཡིན།

Du schriebst **keinen** Brief.
(khyerang) yige ti pa ma re
ཁྱེད་རང་ཡི་གེ་བྲིས་པ་མ་རེད།

3. Was schrieb er?
(khong) gare ti song
ཁོང་ག་རེ་བྲིས་སོང་།

Er/ Sie schrieb **keinen** Brief.
(khong) yige ti ma song
ཁོང་ཡི་གེ་བྲིས་མ་སོང་།

plural

1. Was schrieben wir?
(ngatsho) gare ti pa yin
ང་ཚོ་ག་རེ་བྲིས་པ་ཡིན།

Wir schrieben **keinen** Brief.
(ngatsho) yige ti pa min
ང་ཚོ་ཡི་གེ་བྲིས་པ་མིན།

2. Was schriebt ihr?
(khyerangtsho) gare ti pa yin
ཁྱེད་རང་ཚོ་ག་རེ་བྲིས་པ་ཡིན།

Ihr schriebt **keinen** Brief.
(khyerangtsho) yige ti pa ma re
ཁྱེད་རང་ཚོ་ཡི་གེ་བྲིས་པ་མ་རེད།

3. Was schrieben sie?
(khongtsho) gare ti song
ཁོང་ཚོ་ག་རེ་བྲིས་སོང་།

Sie schrieben **keinen** Brief.
(khongtsho) yige ti song
ཁོང་ཚོ་ཡི་གེ་བྲིས་མ་སོང་།

31.2.3 Perfekt

singular

1. Was habe ich geschrieben?	(nga) gare ti pa yin ང་ག་རེ་བྲིས་པ་ཡིན།
Ich habe **keinen** Brief geschrieben.	(nga) yige ti pa min ང་ཡི་གེ་བྲིས་པ་མིན།
2. Was hast du geschrieben?	(khyerang) gare ti pa yin ཁྱེད་རང་ག་རེ་བྲིས་པ་ཡིན།
Du hast **keinen** Brief geschrieben.	(khyerang) yige ti pa ma re ཁྱེད་རང་ཡི་གེ་བྲིས་པ་མ་རེད།
3. Was hat er/ sie geschrieben.	(khong) gare ti song ཁོང་ག་རེ་བྲིས་སོང་།
Er/ Sie hat **keinen** Brief geschrieben.	(khong) yige ti ma song ཁོང་ཡི་གེ་བྲིས་མ་སོང་།

plural

1. Was haben wir geschrieben?	(ngatsho) gare ti pa yin ང་ཚོ་ག་རེ་བྲིས་པ་ཡིན།
Wir haben **keinen** Brief geschrieben.	(ngatsho) yige ti pa min ང་ཚོ་ཡི་གེ་བྲིས་པ་མིན།
2. Was habt ihr geschrieben?	(khyerangtsho) gare ti pa yin ཁྱེད་རང་ཚོ་ག་རེ་བྲིས་པ་ཡིན།
Ihr habt **keinen** Brief geschrieben.	(khyerangtsho) yige ti pa ma re ཁྱེད་རང་ཚོ་ཡི་གེ་བྲིས་པ་མ་རེད།
3. Was haben sie geschrieben?	(khongtsho) gare ti song ཁོང་ཚོ་ག་རེ་བྲིས་སོང་།
Sie haben **keinen** Brief geschrieben.	(khongtsho) yige ti ma song ཁོང་ཚོ་ཡི་གེ་བྲིས་མ་སོང་།

31.2.4 Futur

singular

1. Was werde ich schreiben? — (nga) gare ti gi yin
ང་ག་རེ་འབྲི་གི་ཡིན།

Ich werde **keinen** Brief schreiben. — (nga) yige ti gi min
ང་ཡི་གེ་འབྲི་གི་མིན།

2. Was wirst du schreiben? — (khyerang) gare ti gi yin
ཁྱེད་རང་ག་རེ་འབྲི་གི་ཡིན།

Du wirst **keinen** Brief schreiben. — (khyerang) yige ti gi ma re
ཁྱེད་རང་ཡི་གེ་འབྲི་གི་མ་རེད།

3. Was wird er/sie schreiben? — (khong) gare ti gi re
ཁོང་ག་རེ་འབྲི་གི་རེད།

Er/ Sie wird **keinen** Brief schreiben. — (khong) yige ti gi ma re
ཁོང་ཡི་གེ་འབྲི་གི་མ་རེད།

plural

1. Was werden wir schreiben? — (ngatsho) gare ti gi yin
ང་ཚོ་ག་རེ་འབྲི་གི་ཡིན།

Wir werden **keinen** Brief schreiben. — (ngatsho) yige ti gi min
ང་ཚོ་ཡི་གེ་འབྲི་གི་མིན།

2. Was werdet ihr schreiben? — (khyerangtsho) gare ti gi yin
ཁྱེད་རང་ཚོ་ག་རེ་འབྲི་གི་ཡིན།

Ihr werdet **keinen** Brief schreiben. — (khyerangtsho) yige ti gi ma re
ཁྱེད་རང་ཚོ་ཡི་གེ་འབྲི་གི་མ་རེད།

3. Was werden sie schreiben? — (khongtsho) gare ti gi re
ཁོང་ཚོ་ག་རེ་འབྲི་གི་རེད།

Sie werden **keinen** Brief schreiben. — (khongtsho) yige ti gi ma re
ཁོང་ཚོ་ཡི་གེ་འབྲི་གི་མ་རེད།

31.3 Negation mit einem Objekt: nicht nach Hause gehen

31.3.1 Präsens

singular

1. Wohin gehe ich?
(nga) gapar dro gi yin
ང་ག་པར་འགྲོ་གི་ཡིན།

Ich gehe **nicht** nach Hause.
(nga) nangla dro gi min
ང་ནང་ལ་འགྲོ་གི་མིན།

2. Wohin gehst du?
(khyerang) gapar dro gi yin
ཁྱེད་རང་ག་པར་འགྲོ་གི་ཡིན།

Du gehst **nicht** nach Hause.
(khyerang) nangla dro gi ma re
ཁྱེད་རང་ནང་ལ་འགྲོ་གི་མ་རེད།

3. Wohin geht er/sie?
(khong) gapar dro gi re
ཁོང་ག་པར་འགྲོ་གི་རེད།

Er/ Sie geht **nicht** nach Hause.
(khong) nangla dro gi ma re
ཁོང་ནང་ལ་འགྲོ་གི་མ་རེད།

plural

1. Wohin gehen wir?
(ngatsho) gapar dro gi yin
ང་ཚོ་ག་པར་འགྲོ་གི་ཡིན།

Wir gehen **nicht** nach Hause.
(ngatsho) nangla dro gi min
ང་ཚོ་ནང་ལ་འགྲོ་གི་མིན།

2. Wohin geht ihr?
(khyerangtsho) gapar dro gi yin
ཁྱེད་རང་ཚོ་ག་པར་འགྲོ་གི་རེད།

Ihr geht **nicht** nach Hause.
(khyerangtsho) nangla dro gi ma re
ཁྱེད་རང་ཚོ་ནང་ལ་འགྲོ་གི་མ་རེད།

3. Wohin gehen sie?
(khongtsho) gapar dro gi re
ཁོང་ཚོ་ག་པར་འགྲོ་གི་རེད།

Sie gehen **nicht** nach Hause.
(khongtsho) nangla dro gi ma re
ཁོང་ཚོ་ནང་ལ་འགྲོ་གི་མ་རེད།

31.3.2 Imperfekt

singular

1. Wohin ging ich?	(nga) gapar chin pa yin ང་ག་པར་ཕྱིན་པ་ཡིན།
Ich ging **nicht** nach Hause.	(nga) nangla chin pa min ང་ནང་ལ་ཕྱིན་པ་མིན།
2. Wohin gingst du?	(khyerang) gapar chin pa yin ཁྱེད་རང་ག་པར་ཕྱིན་པ་ཡིན།
Du gingst **nicht** nach Hause.	(khyerang) nangla chin pa ma re ཁྱེད་རང་ནང་ལ་ཕྱིན་པ་མ་རེད།
3. Wohin ging er/sie?	(khong) gapar chin pa re ཁོང་ག་པར་ཕྱིན་པ་རེད།
Er/ Sie ging **nicht** nach Hause.	(khong) nangla chin pa ma re ཁོང་ནང་ལ་ཕྱིན་པ་མ་རེད།

plural

1. Wohin gingen wir?	(ngatsho) gapar chin pa yin ང་ཚོ་ག་པར་ཕྱིན་པ་ཡིན།
Wir gingen **nicht** nach Hause.	(ngatsho) nangla chin pa min ང་ཚོ་ནང་ལ་ཕྱིན་པ་མིན།
2. Wohin gingt ihr?	(khyerangtsho) gapar chin pa yin ཁྱེད་རང་ཚོ་ག་པར་ཕྱིན་པ་ཡིན།
Ihr gingt **nicht** nach Hause.	(khyerangtsho) nangla chin pa ma re ཁྱེད་རང་ཚོ་ནང་ལ་ཕྱིན་པ་མ་རེད།
3. Wohin gingen sie?	(khongtsho) gapar chin pa re ཁོང་ཚོ་ག་པར་ཕྱིན་པ་རེད།
Sie gingen **nicht** nach Hause.	(khongtsho) nangla chin pa ma re ཁོང་ཚོ་ནང་ལ་ཕྱིན་པ་མ་རེད།

31.3.3 Perfekt

singular

1. Wohin bin ich gegangen?	(nga) gapar chin pa yin ང་ག་པར་ཕྱིན་པ་ཡིན།
Ich bin **nicht** nach Hause gegangen.	(nga) nangla chin pa min ང་ནང་ལ་ཕིན་པ་མིན།
2. Wohin bist du gegangen?	(khyerang) gapar chin pa yin ཁྱེད་རང་ག་པར་ཕྱིན་པ་ཡིན།
Du bist **nicht** nach Hause gegangen.	(khyerang) nangla chin pa ma re ཁྱེད་རང་ནང་ལ་ཕིན་པ་མ་རེད།
3. Wohin ist er gegangen?	(khong) gapar chin pa re ཁོང་ག་པར་ཕྱིན་པ་རེད།
Er/ Sie ist **nicht** nach Hause gegangen.	(khong) nangla chin pa ma re ཁོང་ནང་ལ་ཕིན་པ་མ་རེད།

plural

1. Wohin sind wir gegangen?	(ngatsho) gapar chin pa yin ང་ཚོ་ག་པར་ཕྱིན་པ་ཡིན།
Wir sind **nicht** nach Hause gegangen.	(ngatsho) nangla chin pa min ང་ཚོ་ནང་ལ་ཕིན་པ་མིན།
2. Wohin seid ihr gegangen?	(khyerangtsho) gapar chin pa yin ཁྱེད་རང་ཚོ་ག་པར་ཕྱིན་པ་ཡིན།
Ihr seid **nicht** nach Hause gegangen.	(khyerangtsho) nangla chin pa ma re ཁྱེད་རང་ཚོ་ནང་ལ་ཕིན་པ་མ་རེད།
3. Wohin sind sie gegangen?	(khongtsho) gapar chin pa re ཁོང་ཚོ་ག་པར་ཕྱིན་པ་རེད།
Sie sind **nicht** nach Hause gegangen.	(khongtsho) nangla chin pa ma re ཁོང་ཚོ་ནང་ལ་ཕྱིན་པ་མ་རེད།

31.3.4 Futur

singular

1. Wohin werde ich gehen?	(nga) gapar dro gi yin ང་ག་པར་འགྲོ་གི་ཡིན།
Ich werde **nicht** nach Hause gehen.	(nga) nangla dro gi min ང་ནང་ལ་འགྲོ་གི་མིན།
2. Wohin wirst du gehen?	(khyerang) gapar dro gi yin ཁྱེད་རང་ག་པར་འགྲོ་གི་ཡིན།
Du wirst **nicht** nach Hause gehen.	(khyerang) nangla dro gi ma re ཁྱེད་རང་ནང་ལ་འགྲོ་གི་མ་རེད།
3. Wohin wird er/sie gehen?	(khong) gapar dro gi re ཁོང་ག་པར་འགྲོ་གི་རེད།
Er/ Sie wird **nicht** nach Hause gehen.	(khong) nangla dro gi ma re ཁོང་ནང་ལ་འགྲོ་གི་མ་རེད།

plural

1. Wohin werden wir gehen?	(ngatsho) gapar dro gi yin ང་ཚོག་པར་འགྲོ་གི་ཡིན།
Wir werden **nicht** nach Hause gehen.	(ngatsho) nangla dro gi min ང་ཚོ་ནང་ལ་འགྲོ་གི་མིན།
2. Wohin werdet ihr gehen?	(khyerangtsho) gapar dro gi yin ཁྱེད་རང་ཚོག་པར་འགྲོ་གི་ཡིན།
Ihr werdet **nicht** nach Hause gehen.	(khyerangtsho) nangla dro gi ma re ཁྱེད་རང་ཚོ་ནང་ལ་འགྲོ་གི་མ་རེད།
3. Wohin werden sie gehen?	(khongtsho) gapar dro gi re ཁོང་ཚོག་པར་འགྲོ་གི་རེད།
Sie werden **nicht** nach Hause gehen.	(khongtsho) nangla dro gi ma re ཁོང་ཚོ་ནང་ལ་འགྲོ་གི་མ་རེད།

32. Transliteration der Worte und Phrasen aus Kapitel zehn bis siebenundzwanzig in Wylie Umschrift

ག་འདྲ་སེ་	*ga 'dra se*
སུ་	*su*
ག་པར་	*ga par*
ག་རེ་	*ga re*
ག་དུས་	*ga dus*
ག་རེ་བྱས་ནས་	*ga re byas nas*
ག་གི་	*ga gi*
དུས་སུ་	*dus su*
ག་ནས་	*ga ne*
ང་ཉོ་བགྱི་ཡིན།	*nga nyo bgyi yin*
ཁྱེད་རང་ཉོ་གི་རེད།	*khyed rang nyo gi red*
ཁོང་ཉོ་གི་རེད།	*khong nyo gi red*
ང་ཚོ་ཉོ་གི་ཡིན།	*nga tsho nyo gi yin*
ཁྱེད་རང་ཚོ་ཉོ་གི་རེད།	*khyed rang tsho nyo gi red*
ཁོང་ཚོ་ཉོ་གི་རེད།	*khong tsho nyo gi red*
ང་ཉོས་པ་ཡིན།	*nga nyos pa yin*
ཁྱེད་རང་ཉོས་པ་རེད།	*khyed rang nyos pa red*

ཁོང་ཉོས་པ་རེད། *khong nyos pa re*

ང་ཚོ་ཉོས་པ་ཡིན། *nga tsho nyos pa yin*

ཁྱེད་རང་ཚོ་ཉོས་པ་རེད། *khyed rang tsho nyos pa red*

ཁོང་ཚོ་ཉོས་པ་རེད། *khong tsho nyos pa red*

ངས་ཁ་ལག་ཟ་གི་ཡིན། *ngas kha lag za gi yin*

ཁྱེད་རང་གིས་ཁ་ལག་ཟ་གི་རེད། *khyed rang gis kha lag za gi red*

ཁོང་གིས་ཁ་ལག་ཟ་གི་རེད། *khong gis kha lag za gi red*

ང་ཚོས་ཁ་ལག་ཟ་གི་ཡིན། *nga tshos kha lag za gi yin*

ཁྱེད་རང་ཚོས་ཁ་ལག་ཟ་གི་རེད། *khyed rang tshos kha lag za gi red*

ཁོང་ཚོས་ཁ་ལག་ཟ་གི་རེད། *khong tshos kha lag za gi red*

དཀར་པོ་ *dkar po*

སེར་པོ་ *ser po*

དམར་པོ་ *dmar po*

སྔོན་པོ་ *sngon po*

ནག་པོ་ *nag po*

སྔོན་དམར་ *sngon dmar*

ལྗང་ཁུ་ *ljang khu*

རྒྱ་སྨུག *rgya smug*

ཁྱེད་རང་ག་རེ་ཟ་གི་རེད། *khyed rang ga re za gi red*

ང་ཚལ་ཟ་གི་རེད། *nga tshal za gi red*

ཁོང་ག་རེ་ཟ་གི་རེད། *khong ga re za gi red*

ཁོ་ག་རེ་ཟ་གི་རེད། *kho ga re za gi red*

ཁོང་བག་ལེབ་ཟ་གི་རེད། *khong bag leb za gi red*

མོ་ག་རེ་ཟ་གི་རེད། *mo ga re za gi red*

ཁོང་ཞོ་ཟ་གི་རེད། *khong zho za gi red*

ཁོང་ཞོ་འཐུང་གི་རེད། *khong zho 'thung gi red*

ཁྱེད་རང་ག་རེ་ཟ་འདོད་ཡོད། *khyed rang ga re za 'dod yod*

ང་ཕྱུ་ར་ཟ་འདོད་ཡོད། *nga phyu ra za 'dod yod*

ཨ་ནི་གཞན་པ། *a ni gzhan pa*

ང་ཤིང་ཏོག་ཟ་འདོད་ཡོད། *nga shing tog za 'dod yod*

ང་ཚོས་ཉིང་གུང་ཁ་ལག་ཟ་གི་རེད། *nga tshos nying gung kha lag za gi red*

ག་རེ་འཐུང་གི་ཡོད། *ga re 'thung gi yod*

ང་ཇ་འཐུང་གི་ཡིན། *nga ja 'thung gi yin*

ཇ་ག་རེ། *ja ga re*

ཇ་ནག་པོ་འཐུང་གི་ཡིན། *ja nag po 'thung gi yin*

འདི་བོད་ཇ་ཡོད་པས། *'di bod ja yod pas*

ལགས་མེད། *lags med*

བོད་ཇ་ནང་ལ་ཇ་ནག་པོ་དང་ཚ་དང་མར་འདུག *bod ja nang la ja nag po dang tsha dang mar 'dug*

ཁྱེད་རང་ག་རེ་འཐུང་གི་ཡོད། *khyed rang ga re 'thung gi yod*

ང་coffee འཐུང་གི་ཡོད། *nga* [coffee] *'thung gi yod*

དཀོན་མཆོག་གསུམ་ *dkon mchog gsum*

སངས་རྒྱས་ *sangs rgyas*

བྱང་ཆུབ་མཆོག་ཏུ་སེམས་བསྐྱེད *byang chub mchog tu sems bskyed*

བཀྲ་ཤིས་བདེ་ལེགས། *bkra shis bde legs*

ངའི་མིང་བསྟན་འཛིན་ཡིན། *nga'i ming bstan 'dzin yin*

ཁྱེད་རང་གི་མཚན་ག་རེ་རེད། *khyed rang gi mtshan ga re red*

ཁྱེད་རང་གི་མཚན་ག་རེ་ཞུ་གི་ཡོད། *khyed rang gi mtshan ga re zhu gi yod*

ཁྱེད་རང་གི་མཚན་པད་མ་ལགས་ཡིན་པས། *khyed rang gi mtshan pad ma lags yin pas*

ལགས་མེད། ངའི་མིང་ཨ་ན་ཡིན། *lags med nga'i ming a na yin*

ངའི་མིང་ཨེམ་ཆེ་ཚེ་རིང་ཡིན། *nga'i ming aem che tshe ring yin*

ཁོང་གི་མཚན་ག་རེ་རེད། *khong gi mtshan ga re red*

ཁོང་ངའི་རོགས་པ་རེད།	*khong nga'i rogs pa red*
ཁྱེད་རང་ལུང་པ་ག་ནས་ཡིན།	*khyed rang lung pa ga nas yin*
ཁྱེད་རང་ག་ནས་ཡིན།	*khyed rang ga nas yin*
བོད་ནས་ཡིན།	*bod nas yin*
བོད་ལ་ག་པར་བཞུགས་ཀྱི་ཡོད།	*bod la ga par bzhugs kyi yod*
བལ་ཡུལ་ནས་ཡིན།	*bal yul nas yin*
ཁོང་རྒྱ་གར་ནས་རེད།	*khong rgya gar nas red*
ཁོང་ Austria ནས་རེད།	*khong* [...] *nas red*
ཁོང་ཚོའི་མཚན་ག་རེ་རེད།	*khong tsho'i mtshan ga re red*
མཁྱེན་སོང་ནས།	*mkhyen song nas*
ཧ་གོ་མ་སོང་།	*ha go ma song*
ཧ་གོ་སོང་།	*ha go song*
ཡང་སྐྱར་གསུང་རོགས་གནང་།	*yang skyar gsung rogs gnang*
ག་ལེར་གསུང་རོགས་གནང་།	*ga ler gsung rogs gnang*
ཐུགས་རྗེ་ཆེ།	*thugs rje che*
ད་ལྟ་ག་པར་བསྡད་ཀྱི་ཡོད།	*da lta ga par bsdad kyi yod*
ད་ལྟ་ག་པར་བཞུགས་ཀྱི་ཡོད།	*da lta ga par bzhugs kyi yod*

ལམ་ཀ་ག་རེ་བཞུགས་ཀྱི་ཡོད། *lam ka ga re bzhugs kyi yod*

ཁྱེད་རང་གི་ཁང་པའི་ཨང་གྲངས་ག་ཚད་རེད། *khyed rang gi khang pa'i ang grangs ga tshad red*

ཁྱེད་རང་ལ་ཁ་པར་ཡོད་པས། *khyed rang la kha par yod pas*

ཁྱེད་རང་གི་ཞལ་པར་གྱི་ཨང་གྲངས་ག་ཚད་རེད། *khyed rang gi zhal par gyi ang grangs ga tshad red*

ཁྱེད་རང་ལས་ཀ་ག་རེ་བྱེད་ཀྱི་ཡོད། *khyed rang las ka ga re byed kyi yod*

ཁྱེད་རང་ཕྱག་ལས་ག་རེ་གནང་གི་ཡོད། *khyed rang phyag las ga re gnang kyi yod*

ང་ཟ་ཁང་གི་ལས་ཀ་བྱེད་ཀྱི་ཡོད། *nga za khang gi las ka byed kyi yod*

ང་སློབ་ཕྲུག་ཡིན། *nga slob phrug yin*

ང་ཇེར་མེན་སྐད་སློབ་སྦྱོང་བྱེད་ཀྱི་ཡོད། *nga jer men skad slob sbyong byed kyi yod*

ཁྱེད་རང་དབྱིན་སྐད་སློབ་སྦྱོང་བྱེད་ཀྱི་ཡོད་པས། *khyed rang dbyin skad slob sbyong byed kyi yod pas*

ཁོང་ཕྱག་ལས་ག་རེ་གནང་གི་འདུག *khong phyag las ga re gnang gi 'dug*

ཁོང་སྡུམ་རའི་ལས་ག་གནང་གི་འདུག *khong sdum ra'i las ga gnang gi 'dug*

ང་དགེ་རྒན་ཡིན། *nga dge rgan yin*

འདི་ག་རེ་རེད།   འདི་ཅོག་ཙེ་རེད། *'di ga re red   'di cog tse red*

འདི་ཉལ་ཁྲི་རེད། *'di nyal khri red*

འདི་རྐུབ་རྒྱག་རེད། *'di rkub rgyag red*

འདིར་འཁྱག་སྒམ་རེད། *'dir 'khyag sgam red*

བག་ལེབ་ཅོག་ཙེ་སྒང་ལ་འདུག	*bag leb cog tse sgang la 'dug*
ཅོག་ཙེ་སྒང་ལ་ཁྲི་དང་ཐུར་མ་འདུག	*cog tse sgang la khri dang thur ma 'dug*
ང་གསོལ་ཇ་སྐོལ་གི་ཡིན།	*nga gsol ja skol gi yin*
ང་མཉམ་དུ་གསོལ་ཇ་མཆོད་ཀྱི་ཡིན་པས།	*nga mnyam du gsol ja mchod kyi yin pas*
འདིར་ཇ་ནག་པོ་དང་རྩྭ་ཇ་འདུག	*'dir ja nag po dang rtsva ja 'dug*
གསོལ་ཇ་ག་རེ་མཆོད་འདོད་ཡོད།	*gsol ja ga re mchod 'dod yod*
ང་ཇ་ནག་པོ་འོ་མ་མཉམ་དུ་འཐུང་གི་ཡོད།	*nga ja nag po 'o ma mnyam du 'thung gi yod*
ཆབ་སྐོལ་སོང་ངས།	*chab skhol song ngas*
ཆུ་དཀར་ཡོལ་ནང་ལ་བླུག་པ་ཡིན།	*chu dkar yol nang la blug pa yin*
ཕྱག་ཕེབས་གནང་བྱུང་།	*phyag phebs gnang byung*
ཁྱེད་རང་སྐུ་གཟུགས་བདེ་པོ་ཡིན་པས།	*khyed rang sku gzugs bde po yin pas*
ང་ཁྱེད་རང་མཉམ་དུ་ཤིང་ཏོག་ཉོ་གར་འགྲོ་གི་ཡིན།	*nga khyed rang mnyam du shing tog nyo gar 'gro gi yin*
ཤིང་ཏོག་གྲོང་གསེབ་ནང་ལ་ཉོ་གི་ཡིན།	*shing tog grong gseb nang la nyo gi yin*
ཉིང་གུང་ཁ་ལག་གི་རྗེས་ལ་ཤིང་ཏོག་ཉོ་གར་འགྲོ	*nying gung kha lag gi rjes la shing tog nyo gar 'gro*
གྲོང་གསེབ་འགྲོ་གར་དུས་ཚོད་ག་ཚོད་དགོས་གི་འདུག	*grong gseb 'gro gar dus tshod ga tshod dgos gi 'dug*
རྐང་པ་རྒྱབ་ནས་ཆུ་ཚོད་ཕྱེད་ཀ་ཙམ་དགོས་གི་འདུག	*rkang pa rgyab nas chu tshod phyed ka tsam dgos gi 'dug*

སྔ་དྲོ་བདེ་ལེགས་བསྟན་འཛིན་ལགས།	*snga dro bde legs bstan 'dzin lags*
གཉིད་ཡག་པོ་ཁུ་ཟིན་པ་ཡིན་པས།	*gnyid yag po khu zin pa yin pas*
ངའི་གདོང་འཁྲུད་པར་འགྲོ་གི་ཡིན།	*nga'i gdong 'khrud par 'gro gi yin*
ང་ཡང་ཞོག་ཀའི་ཁ་ལག་ཟ་གར་འགྲོ་གི་ཡིན།	*nga yang zhog ka'i kha lag za gar 'gro gi yin*
སྒུག་རོགས་གནང་།	*sgug rogs gnang*

33. Tashi Delek བཀྲ་ཤིས་བདེ་ལེགས།

བཀྲ་ཤིས་བདེ་ལེགས། བཀྲ་ཤིས་བདེ་ལེགས། བཀྲ་ཤིས་བདེ་ལེགས།

བཀྲ་ཤིས་བདེ་ལེགས། བཀྲ་ཤིས་བདེ་ལེགས། བཀྲ་ཤིས་བདེ་ལེགས།

བཀྲ་ཤིས་བདེ་ལེགས། བཀྲ་ཤིས་བདེ་ལེགས། བཀྲ་ཤིས་བདེ་ལེགས།

34. Mantra OM MANI PEME HUNG ཨོཾ་མ་ཎི་པདྨེ་ཧཱུྃ།

ཨོཾ་མ་ཎི་པདྨེ་ཧཱུྃ། ཨོཾ་མ་ཎི་པདྨེ་ཧཱུྃ། ཨོཾ་མ་ཎི་པདྨེ་ཧཱུྃ། ཨོཾ་མ་ཎི་པདྨེ་ཧཱུྃ། ཨོཾ་མ་ཎི་པདྨེ་ཧཱུྃ། ཨོཾ་མ་ཎི་པདྨེ་ཧཱུྃ། ཨོཾ་མ་ཎི་པདྨེ་ཧཱུྃ།

ཨོཾ་མ་ཎི་པདྨེ་ཧཱུྃ། ཨོཾ་མ་ཎི་པདྨེ་ཧཱུྃ། ཨོཾ་མ་ཎི་པདྨེ་ཧཱུྃ། ཨོཾ་མ་ཎི་པདྨེ་ཧཱུྃ། ཨོཾ་མ་ཎི་པདྨེ་ཧཱུྃ། ཨོཾ་མ་ཎི་པདྨེ་ཧཱུྃ། ཨོཾ་མ་ཎི་པདྨེ་ཧཱུྃ།

ཨོཾ་མ་ཎི་པདྨེ་ཧཱུྃ། ཨོཾ་མ་ཎི་པདྨེ་ཧཱུྃ། ཨོཾ་མ་ཎི་པདྨེ་ཧཱུྃ། ཨོཾ་མ་ཎི་པདྨེ་ཧཱུྃ། ཨོཾ་མ་ཎི་པདྨེ་ཧཱུྃ། ཨོཾ་མ་ཎི་པདྨེ་ཧཱུྃ། ཨོཾ་མ་ཎི་པདྨེ་ཧཱུྃ།

ཨོཾ་མ་ཎི་པདྨེ་ཧཱུྃ། ཨོཾ་མ་ཎི་པདྨེ་ཧཱུྃ། ཨོཾ་མ་ཎི་པདྨེ་ཧཱུྃ། ཨོཾ་མ་ཎི་པདྨེ་ཧཱུྃ། ཨོཾ་མ་ཎི་པདྨེ་ཧཱུྃ། ཨོཾ་མ་ཎི་པདྨེ་ཧཱུྃ། ཨོཾ་མ་ཎི་པདྨེ་ཧཱུྃ།

ཨོཾ་མ་ཎི་པདྨེ་ཧཱུྃ། ཨོཾ་མ་ཎི་པདྨེ་ཧཱུྃ། ཨོཾ་མ་ཎི་པདྨེ་ཧཱུྃ། ཨོཾ་མ་ཎི་པདྨེ་ཧཱུྃ། ཨོཾ་མ་ཎི་པདྨེ་ཧཱུྃ། ཨོཾ་མ་ཎི་པདྨེ་ཧཱུྃ། ཨོཾ་མ་ཎི་པདྨེ་ཧཱུྃ།

ཨོཾ་མ་ཎི་པདྨེ་ཧཱུྃ། ཨོཾ་མ་ཎི་པདྨེ་ཧཱུྃ། ཨོཾ་མ་ཎི་པདྨེ་ཧཱུྃ། ཨོཾ་མ་ཎི་པདྨེ་ཧཱུྃ། ཨོཾ་མ་ཎི་པདྨེ་ཧཱུྃ། ཨོཾ་མ་ཎི་པདྨེ་ཧཱུྃ། ཨོཾ་མ་ཎི་པདྨེ་ཧཱུྃ།

ཨོཾ་མ་ཎི་པདྨེ་ཧཱུྃ། ཨོཾ་མ་ཎི་པདྨེ་ཧཱུྃ། ཨོཾ་མ་ཎི་པདྨེ་ཧཱུྃ། ཨོཾ་མ་ཎི་པདྨེ་ཧཱུྃ། ཨོཾ་མ་ཎི་པདྨེ་ཧཱུྃ། ཨོཾ་མ་ཎི་པདྨེ་ཧཱུྃ། ཨོཾ་མ་ཎི་པདྨེ་ཧཱུྃ།

Ich bedanke mich bei den Professoren der Buddhistischen Philosophie in monastischem Kontext, an den Universitäten Kathmandu und Wien sowie bei den Ärzten und Ärztinnen der Tibetischen Medizin, die mir seit Beginn meines Studiums in Nepal im Jahr 1998 ihr Fachwissen in der entsprechenden Fachsprache in schriftlicher und oraler Tradition vermittelten.

35. Weiterführende Literatur

Bartee, E., Nyima, D. (2000). A Beginning Textbook of Lhasa Tibetan. National Press for Tibetan Studies.

Chonjore, T. (2003). Colloquial Tibetan-A Textbook of Lhasa Dialect. Dharamsala: Library of Tibetan Works and Archives.

Das, S.C. (1996). Tibetan-English Dictionary of Buddhist Terminology. New Delhi: Gaurav Publishing House.

Drungtso, T.T., Drungtso, T.D. (2005). Tibetan-English Dictionary of Tibetan Medicine and Astrology. Archana: Drungtso Publications.

Goldstein, M.C. (1999). English-Tibetan Dictionary of Modern Tibetan. Dharamsala: Library of Tibetan Works and Archives.

Hahn, M. (1996). Lehrbuch der klassisch-tibetischen Schriftsprache. Swisttal-Odendorf: Indica et Tibetica.

Jäschke, H. (1998). A Tibetan English Dictionary. Delhi: Motilal Banarsidass.

Kawa, P. (transl.) (2003). A Manual of Key Buddhist Terms. Categorisation of Buddhist Terminology with Commentary. Dharamsala: Library of Tibetan Works and Archives.

Karma, M. (2000). The New English-Tibetan Dictionary. Dharamsala: Department of Education Central Tibetan Administration.

Magee, W.A, Napper, E.S., Hopkins, J. (1996). Fluent Tibetan. Ithaca: Snow Lion.

Nitharta online Version des Rangjung Yeshe Dictionary:
http://www.nitartha.org/dictionary_search04.html

Norbu, C. (1998). Say it in Tibetan. Conversations in Colloquial Tibetan. Delhi: Paljor.

Norbu, C. (2000). New English-Tibetan Dictionary. Delhi: Paljor.

Rockwell, J. (1991). A Primar for Classical Literary Tibetan, Vol. 1. Karma-Chöling Samādhi Bookstore.

Tashi (2002). Textbook of Modern Colloquial Tibetan Conversations. Dharamsala: Library of Tibetan Works and Archives.

Tenzin, P.J. (1986). Neuzeitliches deutsch-tibetisches Lehrbuch. Zürich: Tibetan Institute.

Tournadre, N., Dorje, S. (2003). Manual of Standard Tibetan, Language and Civilization. Ithaca: Snow Lion.

Tsepak, R. (2003). Tibetan-English Dictionary of Buddhist Terminology. Dharamsala: Library of Tibetan Works and Archives.

Tsetan, C. (2003). Colloquial Tibetan. A Textbook of Lhasa Dialect. Dharamsala: Library of Tibetan Works and Archives.

Wilson, J.B. (1992). Translating Buddhism from Tibetan. Ithaca: Snow Lion Publications.